BIBLIOTHÈQUE DÉMOCRATIQUE

DIRECTEUR : M. VICTOR POUPIN

M.-A. SALNEUVE

LE
RESPECT DE LA LOI

ET LE

SUFFRAGE UNIVERSEL

PARIS

LIBRAIRIE DE LA BIBLIOTHÈQUE DÉMOCRATIQUE

9, place des Victoires, 9

30 centimes

CENTIMES RENDU FRANCO DANS TOUTE LA FRANCE
1re édition. — 1875

LE
RESPECT DE LA LOI

ET LE

SUFFRAGE UNIVERSEL

BIBLIOTHÈQUE DÉMOCRATIQUE

Directeur : M. Victor Poupin

—◇◇◇—

M.-A. SALNEUVE

LE
RESPECT DE LA LOI
et le
SUFFRAGE UNIVERSEL

—◆◇◆—

1014

PARIS
LIBRAIRIE DE LA BIBLIOTHÈQUE DÉMOCRATIQUE
9, place des Victoires, 9

M.-A. SALNEUVE

Né à Aigueperse (Puy-de-Dôme), le 15 janvier 1815, M. Salneuve, docteur en droit, avocat à Riom, suivit plus tard et successivement, durant vingt-sept ans, tous les degrés hiérarchiques de la magistrature, jusqu'aux fonctions de vice-président du tribunal civil de Clermont-Ferrand.

C'est en cette qualité qu'ayant eu à juger, en police correctionnelle, deux procès de presse, en 1868 et 1869, l'honorable magistrat prononça l'acquittement de *l'Indépendant du Centre* et de *l'Auvergne,* journaux prévenus, le premier de manœuvres a l'intérieur à propos de la souscription Baudin, et le second, d'excitation à la haine et au mépris du gouvernement impérial.

Ce fut une grande stupéfaction dans le monde officiel. Après dix-huit ans d'empire, il restait donc des juges indépendants! Ces actes de conscience judiciaire prirent, dans le sentiment public, les proportions d'un événement, qui fera date dans l'histoire du second empire.

M. Salneuve, après le 4 septembre 1870, a fait preuve d'abnégation et de désintéressement ; il ne s'est montré sensible qu'aux suffrages de ses concitoyens. Elu plusieurs fois et récemment encore conseiller municipal de la ville de Clermont-Ferrand, il fut, lors des élections partielles du 2 juillet 1871, investi du mandat législatif, au nom du département du Puy-de-Dôme, par soixante-huit mille suffrages contre vingt-trois mille donnés à son concurrent monarchique.

M. Salneuve, aujourd'hui vice-président honoraire du tribunal civil de Clermont-Ferrand, est l'un de nos représentants les plus fermes de la gauche républicaine.

« Si j'avais l'honneur d'être élu, disait-il dans « sa profession de foi, je serais modestement, « honnêtement, sur les bancs de l'Assemblée, « ce que je n'ai cessé d'être sur mon siége de « magistrat, un homme de droit, de justice et « de vérité. »

L'œuvre présente recevra, nous l'espérons, la consécration de cette faveur qui accueille toujours la sincère expression d'idées vraies et de sentiments virils.

VICTOR POUPIN

LE
RESPECT DE LA LOI
ET LE
SUFFRAGE UNIVERSEL

CHAPITRE PREMIER

De la Loi.

§ Ier

« La loi, en général, a dit Mon-
» tesquieu, est la raison humaine,
» en tant qu'elle gouverne tous les
» peuples de la terre ; et les lois po-
» litiques et civiles de chaque na-

» tion ne doivent être que les cas
» particuliers où s'applique cette
» raison humaine. »

Cette définition pose le principe du respect de la loi et de l'obéissance à la loi : en se soumettant à la loi, l'homme obéit à sa propre raison, éclairée par la libre manifestation de la raison de ses semblables. En respectant la loi, l'homme se respecte lui-même, dans ce qu'il a de plus noble et de plus élevé, dans sa dignité personnelle et sa volonté libre, facultés maîtresses qui constituent son essence et qui le distinguent du reste des êtres animés.

Lorsque notre raison formule la loi, lorsqu'elle exprime, par des préceptes moraux ou par les prescriptions d'un code, ses libres manifestations, dans l'ordre civil ou dans l'ordre politique, elle a pour guide la notion éternelle de la justice et du droit, cette lumière de notre conscience. La justice absolue, le droit absolu sont un idéal vers lequel doivent tendre tous nos efforts et toute notre activité ; nous en approchons sans cesse, et cette marche, trop souvent interrompue, est ce qu'on appelle le progrès ou la civilisation. La loi, dans ses applications diverses, est l'expression écrite et vivante du progrès ; à ce titre, elle a droit à nos respects et à notre obéissance, quelque imparfaite, d'ailleurs, qu'elle paraisse à la raison individuelle. La loi n'est pas le bien absolu, mais l'effort continu, persévérant vers le bien. En dehors de toute pression morale et

de toute contrainte matérielle, nous
devons donc lui obéir et la respecter.

§ II

Montesquieu distingue la loi politique, celle qui gouverne les peuples, de la loi civile, celle qui règle
les rapports entre les hommes à l'é-
tat de société. Toutes les deux ont
la même origine, dans le libre essor
de la raison, et le même caractère
d'un effort constant vers le mieux,
vers la perfection, si difficilement
accessible pour notre nature que,
malgré les plus nobles inspirations,
notre civilisation n'est encore que
sur le rivage de l'humanité. En

principe, il est donc impossible de refuser à l'une ce qui, d'un consentement unanime, est accordé à l'autre, c'est-à-dire de professer le respect et de pratiquer l'obéissance pour la loi civile, tandis qu'on n'aurait pour la loi politique que de l'indifférence, et qu'on ne lui obéirait que par la toute-puissance de la force.

La force n'obtient jamais qu'un empire éphémère et contesté. Bien peu durable est la loi politique qui ne s'appuie que sur la force ; bien précaire est la loi civile et bien près de sa décadence est une nation, quand le droit n'a qu'une sanction matérielle, que la volonté générale ne ratifie pas librement et avec connaissance de cause.

Le droit civil, qui règle les rapports mutuels des hommes, dans le cercle de la vie privée, jouit aujourd'hui d'un respect à peu près incontesté et de l'obéissance de tous, à peine troublée par la rivalité des intérêts particuliers, depuis que la civilisation a prévalu sur la barbarie primitive. Il dérive de principes clairs comme des axiomes moraux, d'idées fondamentales qui sont en quelque sorte la conscience humaine tout entière : les devoirs et les affections de famille, le sentiment de la propriété, la notion de la volonté libre, qui dirige nos actes et nous en rend responsables.

§ III

Chacun sent bien, par lui-même et sans avoir besoin de profondes réflexions, que la liberté civile et religieuse, la famille, la propriété sont les bases essentielles de l'ordre social; sans la liberté, nous ne serions que des êtres irresponsables, agissant au gré d'impulsions mécaniques et aveugles; sans la famille, nous tomberions au-dessous des animaux qui nous environnent; sans la propriété, l'homme resterait à l'état des sauvages chasseurs ou pêcheurs, qui végètent dans les derniers degrés de l'humanité.

C'est pourquoi nul ne refuse ses respects et son obéissance au droit civil, cet héritage toujours accru, que se transmettent les civilisations. C'est pourquoi le droit civil a toujours puisé son autorité dans l'adhésion universelle des hommes ; et, si la force organisée des sociétés venait à lui manquer, il aurait encore un appui suffisant dans le concours de tous les intérêts attachés à sa conservation. On le rencontre partout conforme à lui-même dans ses principes et dans ses règles essentielles ; il ne varie dans ses applications que par l'effort naturel et libre de la raison, s'exorçant sous des modes divers, suivant la différence des temps et des lieux.

Jusqu'à présent, la loi politique

n'a pas accusé nettement son principe fondamental et indiscutable,
sa règle suprême ; aussi n'est-elle
obéie que par la contrainte et n'ob-
tient-elle que des respects exté-
rieurs, non confirmés par la conscience. Mais, enfin, ce principe,
cette règle se révèlent à nos yeux ;
nous apercevons, d'une façon tan-
gible, l'expression de cette loi, et
l'avenir nous montre, comme un
but plus élevé encore, la plus haute
application de la raison humaine:
la loi internationale. Il dépend de
nous d'établir, sur sa base rationnelle, la règle des rapports réciproques entre les citoyens et l'État ; il
appartiendra aux générations futures, dans un lointain qui se dérobe
encore à nos regards, d'étendre
l'application de cette règle aux rap-

ports de nations à nations, en per-
fectionnant le droit des gens, et de
déférer aux libres inspirations de
la raison humaine le règlement de
ces rapports qui est actuellement
abandonné à la double action de la
force et du hasard.

CHAPITRE II

La Loi civile et la Loi politique.

§ Ier.

L'histoire nous enseigne que la loi civile commença par n'être qu'une application de la force matérielle, et qu'elle ne s'en est dégagée que par de lentes améliorations, auxquelles les nations anciennes et modernes ont pris une part très-inégale. Il importe de mesurer la carrière parcourue par le droit civil, depuis ses origines; cette étude est à la fois un exemple et un encouragement, pour conduire au perfectionnement de la loi politique.

L'état social eut d'abord pour base la force physique, pure et sans mélange, la toute-puissance du père de famille, comme le plus fort dans le groupe familial. Il avait droit de vie et de mort sur sa femme et sur ses enfants, tant que ceux-ci étaient les plus faibles. Puis, quand l'âge lui ôtait ses forces, il était évincé, mis à l'écart, parfois même sacrifié.

Plus tard, la religion sanctifia l'autorité du père de famille, en la modifiant, et lui donna une sorte de consécration divine. Le vieillard conserva, dès lors, son pouvoir toute sa vie, et devint même, après sa mort, un dieu domestique. Ce fut un progrès relativement à la barbarie originelle, ce ne fut pas un progrès social. Il n'y eut toujours, dans chaque famille, qu'un maître, et la loi primitive se modela, par suite, sur cette forme politique de la loi civile.

Une grande partie du continent asiatique demeure encore asservie à cette organisation rudimentaire : le père de famille, souverain absolu dans la famille; le roi, souverain absolu dans l'Etat. On peut juger ce régime civil et politique à ses fruits : il donne l'égalité dans la servitude, d'où résulte la suppression de la liberté civile et de la propriété, dont la coexistence est devenue solidaire dans les sociétés bien coordonnées.

Dans les Indes, tout appartient de droit divin au Rajah, représentant terrestre de Dieu : les biens et les personnes, la terre et ses produits, le travailleur et le travail. On partage les champs par communautés territoriales; chaque année, le collecteur héréditaire des tribus assigne aux familles de la communauté le carré de terres qu'elles doivent cultiver; puis, quand vient la récolte, il laisse aux travailleurs le strict nécessaire, et il est comptable du surplus envers le Rajah.

C'est le triomphe de l'égalité la plus absolue dans un communisme dégradant. Il y a un pasteur et un troupeau; tel qui était pâtre ou paysan se réveille ministre, et tel qui

s'est endormi le soir général en chef
se trouve, le lendemain, réduit à
pêcher du poisson ou à mendier
pour vivre. Tant que dure la faveur,
le favori du maître est au dessus de
la foule. La religion et la coutume
instituent des inégalités appa-
rentes : il existe des castes dis-
tinctes formant une hiérarchie religieuse ; mais le caprice souverain se
joue de ces distinctions, qui n'ont
qu'un caractère passager et n'inté-
ressent en rien l'ordre social.

Le despotisme antique, qui survit
encore dans l'Orient, est jugé par
de tels résultats.

§ II

Notre civilisation européenne date
de la civilisation grecque, qui subs-
titua le règne de la loi au règne d'un
homme, et le respect de la loi à
l'adoration d'un individu. Cette révolution féconde naquit de la première application de la loi politique
à un gouvernement républicain;
mais, comme dans toutes les révo-
lutions, elle dépassa le but. En pro-
clamant la liberté et la responsabilité du citoyen, elle négligea l'égalité.

Les civilisations de la Grèce et de
Rome eurent pour base l'inégalité

sociale, la division entre citoyens, étrangers et esclaves. Les républiques grecques furent des aristocraties de citoyens égaux, nourris par un peuple de tributaires et de paysans esclaves; la république romaine, fondée sur l'inégalité entre les travailleurs et les patriciens, vit bientôt l'égalité de fait régner parmi ces deux classes de citoyens, mais toujours à la condition de les nourrir et de les enrichir du travail des tributaires, libres à un degré inférieur, et des esclaves, dépourvus de tous droits.

C'est pourtant au sein de cette inégalité que se forma le droit civil. Athènes, plus humaine que Sparte, eut la gloire immortelle d'en être le berceau.

Les lois d'Athènes ont proclamé et consacré l'égalité parfaite entre les citoyens. Elles ont graduellement restreint la puissance excessive du père de famille; elles ont reconnu des droits positifs à la mère légitime, tout en laissant les femmes dans un état de minorité légale, que nos lois conservent encore à certains degrés.

Elles ont émancipé les fils, dès l'âge où, aptes à porter les armes, inscrits dans leur tribu comme citoyens actifs, ils ne devaient plus à leur père que le respect, l'affection filiale et une juste part de la fortune qu'ils pouvaient acquérir.

Athènes, ce foyer resplendissant des lettres, des arts, des sciences, fut aussi l'initiatrice du droit civil et du droit politique. Quelles nations populeuses, quels empires puissants ont laissé à l'humanité un souvenir plus glorieux, un héritage plus brillant, que cette république de quelques milliers de citoyens?

Rome républicaine reçut et développa, dans plusieurs siècles tourmentés, le droit civil et le droit politique des Athéniens.

Rien de plus intéressant que d'étudier, en détail, l'organisme ingénieux des institutions protectrices de la liberté, de l'égalité, des droits des citoyens dans ces deux Républiques, si diverses d'origine et de fortune. Notre mécanisme constitutionnel et notre pondération des pouvoirs sont des jeux d'enfants, auprès de cet ensemble de lois politiques, suggérées par la pratique quotidienne de la souveraineté populaire.

Mais ce furent des institutions essentiellement aristocratiques et contraires au principe de l'égalité humaine; elles étaient condamnées à périr. La république Athénienne succomba sous les coups d'un conquérant; la république Romaine fut détruite par des usurpateurs militaires.

Remarquons, cependant, que le règne des Césars fut plus favorable que contraire au développement du droit civil. On sait, notamment par Cicéron, à quel degré de perfection l'avait élevé la république; sous les Césars, les jurisconsultes l'ont codifié, suivant une forme sys-

tématique; ils ont tiré d'un recueil
de sentences, d'axiomes, de préceptes moraux et de décisions judiciai-
res, la science du droit civil, dont
la loi des Douze Tables était la base.

C'est là une œuvre chère aux
usurpateurs, aux despotes qui
s'installent dans une civilisation
progressive et consciente d'elle-
même.

Les Césars de Rome ont donné
l'exemple, en sanctionnant et en
fortifiant de leur autorité les conquêtes du droit civil, pour mieux
voiler l'asservissement politique.
Leur exemple a été suivi par tous
les souverains absolus, jusqu'à Fré-
déric de Prusse, à Catherine de
Russie et à Napoléon Ier.

§ III

La véritable égalité parut dans le monde avec le christianisme. Proclamée d'abord dans l'ordre religieux, elle fut introduite lentement dans l'ordre civil, jusqu'à la révolution de 1789, qui l'a consacrée à jamais.

La règle qui détermine l'application de la liberté et de l'égalité dans l'ordre politique a été proclamée en 1848, date de l'avénement du suffrage universel.

Les mêmes phénomènes se pro-

duisent graduellement et invinci-
blement dans l'ordre économique,
comme résultante de la nouvelle ère
sociale.

Depuis lors, la lutte est engagée
entre les deux principes rivaux, la
force et la raison, pour l'organisation d'un régime conforme à la loi
du Progrès : c'est la lutte entre la
monarchie et la république.

CHAPITRE III

Le droit civil et le droit politique en France.

§ Ier

Depuis bientôt un siècle, les bases du droit civil sont réunies dans nos codes, et la raison a gagné sa cause en France. L'égalité, prêchée d'abord par le christianisme dans l'ordre religieux, puis propagée dans l'ordre civil par les philosophes, est devenue le fondement de la législation et de la jurisprudence; chaque jour, des lois nouvelles en règlent, de mieux en mieux,

les applications, et les tribunaux la
confirment, par la constance non
interrompue de leur doctrine et de
leurs jugements. C'est là un développement comparable, sous certains aspects, aux progrès du droit
opérés successivement, à Rome, par
les Préteurs.

Le grand principe de la loi civile :
« Tous les Français sont égaux devant la loi » est, aujourd'hui, une
vérité pratique.

Ce principe est proclamé aussi en
tête de la loi politique : « Tous les
Français sont égaux devant l'urne
électorale. » Mais bien des obstacles nous séparent encore de la réalité, du triomphe de l'égalité politique.

La république les vaincra, parce qu'elle est la seule forme de gouvernement qui se concilie avec le suffrage universel, avec l'égalité vraie de tous les citoyens dans l'exercice de leur prérogative politique. Elle les vaincra rapidement, car les difficultés qui restent à franchir ne sont rien auprès de celles qui se sont opposées si longtemps au triomphe de l'égalité civile.

§ II

Une énumération sommaire suffit pour montrer quels sont les obstacles qu'ont surmontés nos pères, avant de parvenir au but; et, eu mesurant la carrière qu'ils ont si péniblement parcourue, celle que nous avons à parcourir nous-mêmes paraîtra courte et facile.

Ils ont dû abolir, dans la famille, l'inégalité entre les enfants, le droit d'aînesse, l'autorité excessive du père de famille, la faculté de s'opposer aux mariages, l'usage des lettres de cachet, la liberté testamentaire illimitée, etc.

Dans la propriété, ils ont dû conquérir l'application des mêmes lois et répartir les mêmes charges sur tous les biens, supprimer les majorats, les substitutions, la mainmorte, les terres nobles, les franchises, etc.

Dans les rapports sociaux, ils ont fait de la noblesse héréditaire une simple distinction honorifique; ils ont effacé les débris du vieux régime des castes : les maîtrises, les jurandes ; ils ont ouvert à tous les voies du travail et rendu accessibles toutes les carrières (1).

---

(1) Ce faisceau de réformes politiques et sociales constitue ce qu'on a justement appelé les principes de 1789, bases du droit public moderne. Est-il concevable que l'esprit de réaction, plein d'une audace aveugle, en soit venu, de nos jours, à oser méconnaître ces principes, qu'il traite injurieusement ! Aussi, peut-il être utile d'en rafraîchir la source, en reproduisant ici les textes législatifs primordiaux qui les ont inaugurés et dont notre siècle a fait les titres de noblesse du peuple français.

Rappelons d'abord la célèbre DÉCLARATION DES DROITS DE L'HOMME ET DU CITOYEN votée le 26 août 1789 par l'Assemblée constituante et promulguée le 3 novembre

Le christianisme a donné l'exacte
notion de l'égalité morale, quand il
nous enseigne que les hommes sont

---

suivant, déclaration successivement affir-
mée en tête de nos premières constitutions.

Mais il importe, pour procéder logi-
quement, de commencer par mettre en
relief le mémorable décret qui a aboli le
régime féodal.

C'est dans la longue séance de nuit du
4 août 1789 que l'Assemblée nationale
constituante décréta, par acclamation et
sauf rédaction, les chefs principaux des
grands principes sur lesquels devait être
édifiée l'ère nouvelle.

Dans la séance de nuit du 11 août, même
mois, ces principes, successivement formu-
lés en articles et discutés dans les séances
précédentes, furent adoptés et décrétés
avec la rédaction suivante :

jugés sur leurs œuvres, sans distinction de rang ni de fortune. De même, la loi civile reconnait et consa-

---

DÉCRET

ABOLISSANT LE RÉGIME FÉODAL

ARTICLE PREMIER.

L'Assemblée nationale détruit entièrement le régime féodal. Elle décrète que, dans les droits et devoirs, tant féodaux que censuels, ceux qui tiennent à la main-morte réelle ou personnelle, et à la servitude personnelle, et ceux qui les représentent, sont abolis sans indemnité ; tous les autres sont déclarés rachetables, et le prix et le mode du rachat seront fixés par l'Assemblée nationale. Ceux desdits droits

cre leur égalité absolue devant le droit; la loi politique a fondé leur égalité dans le titre de citoyen, en

---

qui ne sont point supprimés par ce décret continueront néanmoins à être perçus jusqu'au remboursement.

ART. 2.

Le droit exclusif des fuies et colombiers est aboli.

Les pigeons seront enfermés aux époques fixées par les communautés ; durant ce temps, ils seront regardés comme gibier, et chacun aura le droit de les tuer sur son terrain.

ART. 3.

Le droit exclusif de la chasse et des garennes ouvertes est pareillement aboli,

instituant le suffrage universel, dont elle a reconnu le droit souverain et primordial. Mais la République,

---

et tout propriétaire a le droit de détruire et faire détruire, seulement sur ses possessions, toute espèce de gibier, sauf à se conformer aux lois de police qui pourront être faites relativement à la sûreté publique.

Toute capitainerie, même royale, et toute réserve de chasse, sous quelque dénomination que ce soit, sont pareillement abolies ; et il sera pourvu, par des moyens compatibles avec le respect dû aux propriétés et à la liberté, à la conservation des plaisirs personnels du roi.

M. le Président sera chargé de demander au roi le rappel des galériens et des bannis pour simple fait de chasse, l'élargissement des prisonniers actuellement détenus, et l'abolition des procédures existantes à cet égard.

seule, donne à cette égalité la sanction pratique, en faisant du suffrage
universel le fondement même de la

ART. 4.

Toutes les justices seigneuriales sont
supprimées sans aucune indemnité ; et
néanmoins, les officiers de ces justices
continueront leurs fonctions jusqu'à ce
qu'il ait été pourvu par l'Assemblée
nationale à l'établissement d'un nouvel
ordre judiciaire.

ART. 5.

Les dîmes de toute nature, et les
redevances qui en tiennent lieu, sous
quelque dénomination qu'elles soient con-
nues et perçues, même par abonne-
ment, *possédées par les corps séculiers et*

politique dans notre démocratie ; c'est, en effet, la seule forme de gouvernement qui vive du suffrage

---

réguliers, par les bénéficiers, les fabriques, et tous gens de mainmorte, même par l'ordre de Malte et autres ordres religieux et militaires, même celles qui auraient été abandonnées à des laïques, en remplacement et pour option de portions congrues, sont abolies, sauf à aviser aux moyens de subvenir d'une autre manière à la dépense du culte divin, à l'entretien des ministres des autels, au soulagement des pauvres, aux réparations et reconstructions des églises et presbytères, et à tous les établissements, séminaires, écoles, colléges, hôpitaux, communautés et autres, à l'entretien desquels elles sont actuellement affectées.

Et, cependant, jusqu'à ce qu'il y ait été pourvu, et que les anciens possesseurs soient entrés en jouissance de leur remplacement, l'Assemblée nationale ordonne

universel, qui le comporte, sans
l'opprimer ou le falsifier, qui soit,
en un mot, l'incarnation logique de

---

que lesdites dîmes continueront d'être
perçues suivant les lois et en la manière
accoutumée.

Quant aux autres dîmes, de quelque
nature qu'elles soient, elles seront rachetables de la manière qui sera réglée par
l'Assemblée ; et jusqu'au règlement à
faire à ce sujet, l'Assemblée nationale
ordonne que la perception en sera aussi
continuée.

Art. 6.

Toutes les rentes foncières perpé-
tuelles, soit en nature, soit en argent,
de quelque espèce qu'elles soient, quelle
que soit leur origine, à quelques personnes qu'elles soient dues, que de main-
morte. domanistes, apanagistes. ordre de

la souveraineté du peuple; et qui offre véritablement une garantie salutaire aux intérêts de tous.

Malte, seront rachetables ; les champarts de toute espèce et sous toutes dénominations le seront pareillement, au taux qui sera fixé par l'Assemblée. Défenses seront faites, de plus, à l'avenir, de créer aucune redevance non remboursable.

ART. 7.

La vénalité des offices de judicature et de municipalité est supprimée dès cet instant. La justice sera rendue gratuitement. Et néanmoins, les officiers pourvus de ces offices continueront d'exercer leurs fonctions et d'en percevoir les émoluments jusqu'à ce qu'il ait été pourvu par l'Assemblée au moyen de leur procurer leur remboursement.

Les intérêts, on les dit menacés par la loi du nombre, qualifié présomptueusement de brutal, en plei-

---

ART. 8.

Les droits casuels des curés de campagne sont supprimés, et cesseront d'être payés aussitôt qu'il aura été pourvu à l'augmentation des portions congrues et à la pension des vicaires ; et il sera fait un règlement pour fixer le sort des curés des villes.

ART. 9.

Les priviléges pécuniaires, personnels ou réels, en matière de subsides sont abolis à jamais. La perception se fera sur tous les citoyens et sur tous

ne tribune de l'Assemblée nationale, par un orateur officiel ; c'est une erreur capitale, contre laquelle pro-

---

les biens, de la même manière et de la même forme ; et il va être avisé aux moyens d'effectuer le paiement proportionnel de toutes les contributions, même pour les six derniers mois de l'année d'imposition courante.

ART. 10.

Une constitution nationale et la liberté publique étant plus avantageuses aux provinces que les priviléges dont quelques-unes jouissaient, et dont le sacrifice est nécessaire à l'union intime de toutes les parties de l'empire, il est déclaré que tous les priviléges particuliers des provinces, principautés, pays, cantons, villes et communautés d'habitants, soit

testent tous les esprits droits. Les
intérêts sont multiples et divers;
tous les membres de la société fran-

---

pécuniaires soit de toute autre nature,
sont abolis sans retour, et demeureront
confondus dans le droit commun de
tous les Français.

ART. 11.

Tous les citoyens, sans distinction de
naissance, pourront être admis à tous les
emplois et dignités ecclésiastiques, civils
et militaires, et nulle profession utile
n'en portera dérogeance.

ART. 12.

A l'avenir, il ne sera envoyé en cour de
Rome, en la vice-légation d'Avignon, en

çaise y participent dans une mesure quelconque, de même qu'ils doivent supporter les charges générales

---

la nonciature de Lucerne, aucuns deniers pour annates ou pour quelque autre cause que ce soit ; mais les diocésains s'adresseront à leurs évêques pour toutes les provisions de bénéfices et dispenses, lesquelles seront accordées gratuitement, nonobstant toutes réserves expectatives et partages de mois, toutes les églises de France devant jouir de la même liberté.

ART. 13.

Les déports, droits de cote-morte, dépouilles, *vacat*, droits censaux, deniers de Saint-Pierre, et autres de même genre établis en faveur des évêques, archidiacres, archiprêtres, et chapitres, curés primitifs, et tous autres, sous quelque nom que ce soit, sont abolis, sauf à pourvoir

en proportion de leurs facultés. Les intérêts, loin d'avoir à redouter le suffrage universel, ne peuvent être

---

ainsi qu'il appartiendra, à la dotation des archidiaconés et des archiprêtrés qui ne seraient pas suffisamment dotés.

ART. 14.

La pluralité des bénéfices n'aura plus lieu à l'avenir, lorsque les revenus du bénéfice ou des bénéfices dont on sera titulaire, excéderont la somme de trois mille livres. Il ne sera pas permis non plus de posséder plusieurs pensions sur bénéfices ou une pension et un bénéfice, si le produit des objets de ce genre que l'on possède déjà excède la même somme de trois mille livres.

réellement satisfaits et sérieusement garantis que par l'harmonie
des volontés générales, libres et

ART. 15.

Sur le compte qui sera rendu à l'Assemblée nationale sur l'état des pensions, grâces et traitements, elle s'occupera, de
concert avec le roi, de la suppression de
celles qui n'auraient pas été méritées, et
de la réduction de celles qui seraient exces-
sives, sauf à déterminer pour l'avenir une
somme dont le roi pourra disposer pour
cet objet.

ART. 16.

L'Assemblée nationale décrète qu'en
mémoire des grandes et importantes délibérations qui viennent d'être prises pour

raisonnables dans leur ensemble. Les cœurs généreux ne doivent-ils pas incliner à protéger, à soutenir,

---

le bonheur de la France, une médaille sera frappée et qu'il sera chanté en actions de grâces un *Te Deum* dans toutes les paroisses et églises du royaume.

ART. 17.

L'Assemblée nationale proclame solennellement le roi Louis XVI *Restaurateur de la Liberté française.*

ART. 18.

L'Assemblée nationale se rendra en corps auprès du roi, pour présenter à Sa Majesté l'arrêté qu'elle vient de prendre, lui porter l'hommage de sa plus respectueuse recon-

à élever les déshérités de l'état social, sans atteinte aux droits acquis ? Si l'ignorance était invinci-

---

naissance, et la supplier de permettre que
le Te Deum soit chanté dans sa chapelle et
d'y assister elle-même.

ART. 19.

L'Assemblée nationale s'occupera, immédiatement après la constitution, de la
rédaction des lois nécessaires pour le
développement des principes qu'elle a
fixés par le présent arrêté, qui sera incos-
samment envoyé par MM. les députés dans
toutes les provinces, avec le décret du 10
de ce mois (relatif aux mesures à prendre
dans l'intérêt du maintien de la tranquillité
publique), pour y être imprimé, publié,
même au prône des paroisses, et affiché
partout où besoin sera.

ble, si le plus noble attribut de la science et de l'expérience n'était pas de l'éclairer, de la préserver du

---

Mettons maintenant en parallèle les déclarations successives des Droits de l'homme et du citoyen.

La première déclaration émanée de l'Assemblée constituante a été promulguée de nouveau, sans modification, comme préambule de la Constitution du 14 septembre 1791. C'est celle que Talleyrand a appelée « la loi du législateur », et que M. Lanfrey a qualifiée « cet évangile de la Révolution ». On remarquera que leur caractère respectif correspond aux phases de la Révolution française, à l'esprit de rénovation de chacune des constitutions dont elles sont le frontispice.

---

danger de devenir l'instrument aveugle d'une domination despotique, l'objection du nombre brutal

---

I

CONSTITUTION FRANÇAISE

DÉCRÉTÉE PAR L'ASSEMBLÉE NATIONALE CONSTITUANTE

Aux années 1789, 1790 et 1791.

Paris, 3-14 *septembre* 1791.

Déclaration des Droits de l'Homme et du Citoyen.

LES REPRÉSENTANTS du peuple français, constitués en assemblée nationale, considérant que l'ignorance, l'oubli ou le mépris

pourrait être spécieuse; mais cette objection surannée ne tient évidemment qu'à un préjugé oligarchique,

---

des droits de l'homme sont les soules causes des malheurs publics et de la corruption des gouvernements, ont résolu d'exposer, dans une déclaration solennelle, les droits naturels, inaliénables et sacrés de l'homme, afin que cette déclaration, constamment présente à tous les membres du corps social, leur rappelle sans cesse leurs droits et leurs devoirs : afin que les actes du pouvoir législatif et ceux du pouvoir exécutif, pouvant être à chaque instant comparés avec le but de toute institution politique, en soient plus respectés ; afin que les réclamations des citoyens, fondées désormais sur des principes simples et incontestables, tournent toujours au maintien de la constitution et au bonheur de tous.

En conséquence, l'Assemblée nationale reconnaît et déclare, en présence et sous les auspices de l'Être suprême, les droits suivants de l'homme et du citoyen.

fruit de l'égoïsme, qui est entretenu par la peur du divorce avec l'opinion publique, froissée, entravée

---

ARTICLE PREMIER.

Les hommes naissent et demeurent libres et égaux en droits. Les distinctions sociales ne peuvent être fondées que sur l'utilité commune.

ART. 2.

Le but de toute association politique est la conservation des droits naturels et imprescriptibles de l'homme. Ces droits sont la liberté, la propriété, la sûreté et la résistance à l'oppression.

ART. 3.

Le principe de toute souveraineté réside

dans ses aspirations par des résistances obstinées et des artifices byzantins.

---

essentiellement dans la nation ; nul corps, nul individu ne peut exercer d'autorité qui n'en émane expressément.

ART. 4.

La liberté consiste à pouvoir faire tout ce qui ne nuit pas à autrui ; ainsi l'exercice des droits naturels de chaque homme n'a de bornes que celles qui assurent aux autres membres de la société la jouissance de ces mêmes droits. Ces bornes ne peuvent être déterminées que par la loi.

ART. 5.

La loi n'a le droit de défendre que les actions nuisibles à la société. Tout ce qui

Toutefois, la sanction pratique par la République du droit de tous les citoyens au scrutin de vote ne suf-

---

n'est pas défendu par la loi ne peut être empêché, et nul ne peut être contraint à faire ce qu'elle n'ordonne pas.

ART. 6.

La loi est l'expression de la volonté générale. Tous les citoyens ont droit de concourir, personnellement ou par leurs représentants, à sa formation. Elle doit être la même pour tous, soit qu'elle protége, soit qu'elle punisse. Tous les citoyens, étant égaux à ses yeux, sont également admissibles à toutes dignités, places et emplois publics, selon leur capacité, et sans autre distinction que celle de leurs vertus et de leurs talents.

fît pas. L'œuvre n'est pas complète encore, et, pour l'amener à perfection, la loi civile et la loi politique

---

ART. 7.

Nul homme ne peut être accusé, arrêté, ni détenu que dans les cas déterminés par la loi et selon les formes qu'elle a prescrites. Ceux qui sollicitent, expédient, exécutent ou font exécuter des ordres arbitraires doivent être punis ; mais tout citoyen appelé ou saisi en vertu de la loi doit obéir à l'instant : il se rend coupable par la résistance.

ART. 8.

La loi ne doit établir que des peines strictement et évidemment nécessaires, et nul ne peut être puni qu'en vertu d'une loi établie et promulguée antérieurement au délit, et légalement appliquée.

ont de grands progrès à réaliser.
Mais qu'on ne s'exagère pas leur
puissance dans cette tâche, qui

ART: 9.

Tout homme étant présumé innocent
jusqu'à ce qu'il ait été déclaré coupable
s'il est jugé indispensable de l'arrêter,
toute rigueur qui ne serait pas nécessaire
pour s'assurer de sa personne doit être
sévèrement réprimée par la loi.

ART. 10.

Nul ne doit être inquiété pour ses opinions, même religieuses, pourvu que leur
manifestation ne trouble pas l'ordre public
établi par la loi.

consiste à corriger les inégalités
naturelles, tenant à l'état physique,
intellectuel et moral.

ART. 11.

La libre communication des pensées et
des opinions est un des droits les plus
précieux de l'homme ; tout citoyen peut
donc parler, écrire, imprimer librement,
sauf à répondre de l'abus de cette liberté
dans les cas déterminés par la loi.

ART. 12.

La garantie des droits de l'homme et du
citoyen nécessite une force publique ;
cette force est donc instituée pour l'avan-
tage de tous, et non pour l'utilité particu-
lière de ceux auxquels elle est confiée.

Sans doute, la loi peut protéger plus efficacement, sinon la fortune elle-même, du moins le travail, qui

ART. 13.

Pour l'entretien de la force publique, et pour les dépenses d'administration, une contribution commune est indispensable ; elle doit être également répartie entre tous les citoyens, en raison de leurs facultés.

ART. 14.

Tous les citoyens ont le droit de constater, par eux-mêmes ou par leurs représentants, la nécessité de la contribution publique, de la consentir librement, d'en suivre l'emploi, et d'en déterminer la quotité, l'assiette, le recouvrement et la durée.

en est le facteur important. Il faut
reconnaître l'utilité de certaines réformes, tendant à faciliter l'associa-

---

ART. 15.

La société a le droit de demander compte
à tout agent public de son administration.

ART. 16.

Toute société dans laquelle la garantie
des droits n'est pas assurée, ni la séparation des pouvoirs déterminée, n'a point de
constitution.

ART. 17.

La propriété étant un droit inviolable et
sacré, nul ne peut en être privé, si ce
n'est lorsque la nécessité publique, légalement constatée, l'exige évidemment, et
sous la condition d'une juste et préalable
indemnité.

tion pacifique, la coopération, et, en général, l'effort de l'intelligence et du travail vers une fin utile ; mais

---

II

ÉTABLISSEMENT

DU GOUVERNEMENT RÉPUBLICAIN

Constitution de 1793

ACTE CONSTITUTIONNEL
PRÉCÉDÉ
DE LA DÉCLARATION DES DROITS DE L'HOMME
Et du Citoyen.

Présenté au Peuple Français par la Convention nationale, le 24 juin 1793, l'an II de la République.

Déclaration des Droits de l'Homme
Et du Citoyen.

Le Peuple Français, convaincu que l'oubli et le mépris des droits naturels de l'homme sont les seules causes des mal-

que les esprits sérieux répondent!
L'homme laborieux et économe
n'est-il pas déjà amplement protégé

---

heurs du monde, a résolu d'exposer, dans
une déclaration solennelle, ces droits
sacrés et inaliénables, afin que tous les
citoyens, pouvant comparer sans cesse les
actes du gouvernement avec le but de
toute institution sociale, ne se laissent
jamais opprimer et avilir par la tyrannie;
afin que le peuple ait toujours devant les
yeux les bases de sa liberté et de son bonheur, le magistrat la règle de ses devoirs,
le législateur l'objet de sa mission.

En conséquence, il proclame, en présence de l'Être suprême, la déclaration suivante des droits de l'homme et du
citoyen.

ARTICLE PREMIER.

Le but de la société est le bonheur commun.

dans ses intérêts et soutenu dans ses efforts par la loi française, quelle que soit sa condition ?

Le gouvernement est institué pour garantir à l'homme la jouissance de ses droits naturels et imprescriptibles.

ART. 2.

Ces droits sont l'égalité, la liberté, la sûreté, la propriété.

ART. 3.

Tous les hommes sont égaux par la nature et devant la loi.

ART. 4.

La loi est l'expression libre et solennelle de la volonté générale ; elle est la

La loi peut encore et doit contri-
buer, on ne saurait trop le redire,
au développement de l'instruction.

---

même pour tous, soit qu'elle protége, soit
qu'elle punisse ; elle ne peut ordonner
que ce qui est juste et utile à la société ;
elle ne peut défendre que ce qui lui est
nuisible.

ART. 5.

Tous les citoyens sont également admissibles aux emplois publics. Les peuples
libres ne connaissent d'autres motifs de
préférence, dans leurs élections, que les
vertus et les talents.

ART. 6.

La liberté est le pouvoir qui appartient
à l'homme de faire tout ce qui ne nuit pas

C'est un devoir impérieux, pour l'E-
tat, de multiplier les moyens de s'ins-
truire, de les mettre à la portée de

---

aux droits d'autrui : elle a pour principe
la nature; pour règle, la justice; pour
sauvegarde, la loi. Sa limite morale est
dans cette maxime : *Ne fais pas à un autre
ce que tu ne veux pas qui te soit fait.*

ART. 7.

Le droit de manifester sa pensée et ses
opinions, soit par la voie de la presse,
soit de toute autre manière, le droit de
s'assembler paisiblement, le libre exercice des cultes, ne peuvent être interdits.

La nécessité d'énoncer ses droits sup-
pose ou la présence ou le souvenir récent
du despotisme.

tous, d'exercer même une contrainte sur les pères qui refusent à leurs enfants ce pain de l'intelligence;

ART. 8.

La sûreté consiste dans la protection accordée par la société à chacun de ses membres, pour la conservation de sa personne, de ses droits et de ses propriétés.

ART. 9.

La loi doit protéger la liberté publique et individuelle contre l'oppression de ceux qui gouvernent.

ART. 10.

Nul ne doit être accusé, arrêté, ni détenu que dans les cas déterminés par la loi

mais là s'arrête son œuvre. L'homme ne s'instruit réellement que par l'effort de sa propre volonté; l'ins-

---

et selon les formes qu'elle a prescrites. Tout citoyen appelé ou saisi par l'autorité de la loi, doit obéir à l'instant : il se rend coupable par la résistance.

ART. 11.

Tout acte exercé contre un homme hors des cas et sans les formes que la loi détermine, est arbitraire et tyrannique; celui contre lequel on voudrait l'exécuter par la violence a le droit de le repousser par la force.

ART. 12.

Ceux qui solliciteraient, expédieraient,

truction ne se répand que par la volonté collective.

C'est ainsi que, par une amélio-

---

signeraient, exécuteraient ou feraient exécuter des actes arbitraires, sont coupables et doivent être punis.

ART. 13.

Tout homme étant présumé innocent jusqu'à ce qu'il ait été déclaré coupable, s'il est jugé indispensable de l'arrêter, toute rigueur qui ne serait pas nécessaire pour s'assurer de sa personne doit être sévèrement réprimée par la loi.

ART. 14.

Nul ne doit être jugé et puni qu'après avoir été entendu ou légalement appelé,

ration progressive du milieu social, les mœurs et les lois se combinent par des rapports plus étroits,

---

et qu'en vertu d'une loi promulguée antérieurement au délit. La loi qui punirait des délits commis avant qu'elle existât, serait une tyrannie ; l'effet rétroactif donné à la loi serait un crime.

ART. 15.

La loi ne doit décerner que des peines strictement et évidemment nécessaires : les peines doivent être proportionnées au délit et utiles à la société.

ART. 16.

Le droit de propriété est celui qui

en se prêtant un mutuel appui.

Lorsque la révolution de 1848 trancha la question politique, en

---

appartient à tout citoyen de jouir et de disposer à son gré de ses biens, de ses revenus, du fruit de son travail et de son industrie.

ART. 17.

Nul genre de travail, de culture, de commerce, ne peut être interdit à l'industrie des citoyens.

ART. 18.

Tout homme peut engager ses services, son temps ; mais il ne peut se vendre ni être vendu : sa personne n'est pas une propriété aliénable. La loi ne connaît point

instituant le suffrage universel, les
esprits n'étaient pas préparés à cette
réforme soudaine. Eût-il mieux valu

---

de domesticité ; il ne peut exister qu'un
engagement de soins et de reconnaissance
entre l'homme qui travaille et celui qui
l'emploie.

ART. 19.

Nul ne peut être privé de la moindre
portion de sa propriété, sans son consentement, si ce n'est lorsque la nécessité
publique, légalement constatée, l'exige,
et sous la condition d'une juste et préalable
indemnité.

ART. 20.

Nulle contribution ne peut être établie
que pour l'utilité générale. Tous les

ne l'introduire que graduellement?
De prétendus sages disent qu'on aurait échappé, de la sorte, à vingt

---

citoyens ont droit de concourir à l'établissement des contributions, d'en surveiller l'emploi et de s'en faire rendre compte.

ART. 21.

Les secours publics sont une dette sacrée. La société doit la subsistance aux citoyens malheureux, soit en leur procurant du travail, soit en assurant les moyens d'exister à ceux qui sont hors d'état de travailler.

ART. 22.

L'instruction est le besoin de tous. La société doit favoriser de tout son pouvoir

années de tâtonnements et d'erreurs
dans la pratique du nouveau droit
politique. La monarchie constitu‑

---

les progrès de la raison publique, et mettre
l'instruction à portée de tous les citoyens.

ART. 23.

La garantie sociale consiste dans l'action
de tous pour assurer à chacun la jouis‑
sance et la conservation de ses droits;
cette garantie repose sur la souveraineté
nationale.

ART. 24.

Elle ne peut exister, si les limites des
fonctions publiques ne sont pas clairement
déterminées par la loi, et si la responsa‑

tionnelle, ajoute-t-on, en développant la prérogative populaire par degrés, nous eût conduits pacifique-

---

bilité de tous les fonctionnaires n'est pas assurée.

ART. 25.

La souveraineté réside dans le peuple ; elle est une, indivisible, imprescriptible et inaliénable.

ART. 26.

Aucune portion du peuple ne peut exercer la puissance du peuple entier, mais chaque section du souverain, assemblée, doit jouir du droit d'exprimer sa volonté avec une entière liberté.

ment à la République, en épargnant à la France des épreuves où elle a failli sombrer.

ART. 27.

Que tout individu qui usurperait la souveraineté soit à l'instant mis à mort par les hommes libres.

ART. 28.

Un peuple a toujours le droit de revoir, de réformer et de changer sa constitution. Une génération ne peut assujettir à ses lois les générations futures.

ART. 29.

Chaque citoyen a un droit égal de concou-

Questions oiseuses, sur lesquelles on peut deviser, même avec des regrets mélés d'amertume ! Mais, au-

---

rir à la formation de la loi et à la nomination de ses mandataires ou de ses agents.

ART. 30.

Les fonctions publiques sont essentiellement temporaires; elles ne peuvent être considérées comme des distinctions ni comme des récompenses, mais comme des devoirs.

ART. 31.

Les délits des mandataires du peuple et de ses agents ne doivent jamais être impunis. Nul n'a le droit de se prétendre plus inviolable que les autres citoyens.

jourd'hui, les choses ne sont plus
entières ; l'expérience a été entre-
prise et poursuivie ; elle est faite.

ART. 32.

Le droit de présenter des pétitions aux
dépositaires de l'autorité publique ne
peut, en aucun cas, être interdit, suspen-
du ni limité.

ART. 33.

La résistance à l'oppression est la conséquence des autres droits de l'homme.

ART. 34.

Il y a oppression contre le corps social

Le suffrage universel existe; il a pris droit de cité ; il s'est éclairé par de longues années d'exercice et par les

---

lorsqu'un seul de ses membres est opprimé.

ART. 35.

Quand le gouvernement viole les droits du peuple, l'insurrection est, pour le peuple, et pour chaque portion du peuple, le plus sacré des droits et le plus indispensable des devoirs.

désastres mêmes qui ont suivi ses méprises. Le pays s'est familiarisé avec un régime qui a reçu de nou-

---

III

CONSTITUTION DE L'AN III

GOUVERNEMENT DIRECTORIAL

CONSTITUTION DE LA RÉPUBLIQUE FRANÇAISE

Paris, 5 fructidor an III (22 août 1795).

Déclaration des Droits et des Devoirs de l'Homme et du Citoyen.

LE PEUPLE FRANÇAIS proclame, en présence de l'Être suprême, la déclaration suivante des droits et des devoirs de l'homme et du citoyen.

velles et solennelles consécrations
par les élections générales du 8 février 1871 pour l'Assemblée natio-

---

DROITS

ARTICLE PREMIER.

Les droits de l'homme en société sont la
liberté, l'égalité, la sûreté, la propriété.

ART. 2.

La liberté consiste à pouvoir faire ce qui
ne nuit pas aux droits d'autrui.

ART. 3.

L'égalité consiste en ce que la loi est la

nale, et par les nombreuses élections partielles, où sa voix s'est fait entendre fréquemment depuis lors,

---

même pour tous, soit qu'elle protége, soit qu'elle punisse.

L'égalité n'admet aucune distinction de naissance, aucune hérédité de pouvoirs.

ART. 4.

La sûreté résulte du concours de tous pour assurer les droits de chacun.

ART. 5.

La propriété est le droit de jouir et de disposer de ses biens, de ses revenus, du fruit de son travail et de son industrie.

indépendamment de tous les scrutins pour les autres corps électifs.
Bien inconsidéré quiconque ferme

ART. 6.

La loi est la volonté générale exprimée
par la majorité ou des citoyens ou de leurs
représentants.

ART. 7.

Ce qui n'est pas défendu par la loi ne
peut être empêché.

Nul ne peut être contraint à faire ce
qu'elle n'ordonne pas.

ART. 8.

Nul ne peut être appelé en justice,

les yeux et les oreilles, bien coupable qui méditerait un attentat
contre le seul souverain légitime !

---

arrêté ni détenu, que dans les cas déterminés par la loi et selon les formes qu'elle
a prescrites.

ART. 9.

Ceux qui sollicitent, expédient, signent,
exécutent ou font exécuter des actes arbitraires, sont coupables et doivent être
punis.

ART. 10.

Toute rigueur qui ne serait pas nécessaire pour s'assurer de la personne d'un
prévenu doit être sévèrement réprimée
par la loi.

On n'oserait pas impunément une mutilation mille fois plus dangereuse, assurément, qu'une con-

---

ART. 11.

Nul ne peut être jugé qu'après avoir été entendu ou légalement appolé.

ART. 12.

La loi ne doit décerner que des peines strictement nécessaires et proportionnées au délit.

ART. 13.

Tout traitement qui aggrave la peine déterminée par la loi est un crime.

fiance motivée dans un fonctionne-
ment intégral, qui se régularisera
de plus en plus. Aussi est-il à

ART. 14.

Aucune loi, ni criminelle ni civile, ne
peut avoir d'effet rétroactif.

ART. 15.

Tout homme peut engager son temps et
ses services, mais il ne peut se vendre ni
être vendu ; sa personne n'est pas une
propriété aliénable.

ART. 16.

Toute contribution est établie pour l'u-
tilité générale; elle doit être répartie entre

souhaiter que certaines restrictions, nouvellement écrites dans l'électorat municipal, ne soient pas ad-

---

les contribuables, en raison de leurs facultés.

ART. 17.

La souveraineté réside essentiellement dans l'universalité des citoyens.

ART. 18.

Nul individu, nulle réunion partielle de citoyens ne peut s'attribuer la souveraineté.

ART. 19.

Nul ne peut, sans une délégation légale,

mises pour l'électorat politique.

La Révolution de 1789, absorbée dans le renouvellement de la loi ci-

---

exercer aucune autorité ni remplir aucune fonction publique.

ART. 20.

Chaque citoyen a un droit égal de concourir, immédiatement ou médiatement, à la formation de la loi, à la nomination des représentants du peuple et des fonctionnaires publics.

ART. 21.

Les fonctions publiques ne peuvent devenir la propriété de ceux qui les exercent.

vile, ne sut pas comprendre et ap-
pliquer le suffrage universel ; les
guides, les exemples du passé, lui

ART. 22.

La garantie sociale ne peut exister, si la
division des pouvoirs n'est pas établie, si
leurs limites ne sont pas fixées, et si la
responsabilité des fonctionnaires publics
n'est pas assurée.

DEVOIRS

ARTICLE PREMIER.

La déclaration des droits contient les
obligations des législateurs : le maintien
de la société demande que ceux qui la

manquèrent. Autour d'eux, les législateurs de l'Assemblée constituante et de la Convention ne virent

---

composent connaissent et remplissent également leurs devoirs.

ART. 2.

Tous les devoirs de l'homme et du citoyen dérivent de ces deux principes gravés par la nature dans tous les cœurs:

Ne faites pas à autrui ce que vous ne voudriez pas qu'on vous fît.

ART. 3.

Les obligations de chacun envers la société consistent à la défendre, à la servir, à vivre soumis aux lois, et à respecter ceux qui en sont les organes.

ou ne surent voir que des gouvernements fondés sur le privilége;
l'antiquité ne leur offrait pour mo-

ART. 4.

Nul n'est bon citoyen s'il n'est bon fils,
bon père, bon frère, bon ami, bon époux.

ART. 5.

Nul n'est homme de bien s'il n'est franchement et religieusement observateur
des lois.

ART. 6.

Celui qui viole ouvertement les lois se
déclare en état de guerre avec la société.

dèles que des aristocraties à esclaves.

Aussi la première constitution

ART. 7.

Celui qui, sans enfreindre ouvertement les lois, les élude par ruse ou par adresse, blesse les intérêts de tous ; il se rend indigne de leur bienveillance et de leur estime.

ART. 8.

C'est sur le maintien des propriétés que reposent la culture des terres, toutes les productions, tout moyen de travail et tout l'ordre social.

ART. 9.

Tout citoyen doit ses services à la pa-

républicaine établissait-elle une distinction fâcheuse entre les citoyens actifs et les citoyens passifs. Puis,

---

trie et au maintien de la liberté, de l'égalité et de la propriété, toutes les fois que la loi l'appelle à les défendre.

Les immenses bienfaits de la Révolution française ont été constatés par nos grands écrivains modernes. Madame de Staël, la première, a dit :

« C'est à la réforme opérée par elle
« (l'Assemblée constituante) que la nation
« est redevable encore des richesses de
« raison et de liberté, qu'elle veut et
« doit conserver à tout prix. »

C'est encore Madame de Staël qui a dit :
« La Révolution de France est une des
« plus grandes époques de l'ordre social. »

(*V. Considérations sur les principaux événements de la Révolution française*).

l'égalité reprit ses droits politiques, du moins en théorie; on remit l'exercice de la souveraineté aux Assemblées primaires, qui ne purent jamais en user. Ce fut une erreur, car, dans une grande nation, la souveraineté se délègue et ne saurait s'èxercer directement.

Après la Révolution vint le premier Empire, qui fonda un pouvoir militaire dont la domination, reflet de réminiscences césariennes, fut plus contraire à la liberté que favorable aux principes d'une égalité sainement entendue. Puis, la loi politique se modifia par l'établissement en France de la monarchie constitutionnelle et du régime censitaire.

§ III

Ce régime, en vigueur dans la plus grande partie de l'Europe, repose sur la violation évidente du principe de l'égalité; il est donc inconciliable avec le suffrage universel, qui est la plus haute expression de l'égalité politique.

Qui accorde, dans la liberté de sa conscience, l'obéissance et le respect à un roi constitutionnel? Il est roi par droit de naissance : Dieu l'a-t-il donc pétri d'une argile originale, et lui a-t-il accordé un privilége particulier? Il est inamovible; et de quel droit, s'il devient préva-

ricateur, ou seulement incapable ?
Il laisse la royauté en héritage à son
fils ; est-ce un troupeau inconscient
qu'il lui lègue, ou des hommes libres qui ne veulent obéir qu'à celui
qu'ils ont reconnu le plus capable
et le plus digne ?

Ce roi ne trouvera d'appui et d'o-
béissance que dans des fonctionnaires dociles, dans la force disci-
plinée qui l'aura adopté. Mais le
respect lui est refusé d'avance ; res-
pectez donc un souverain contrôlé
par des mandataires de la nation
plus souverains que lui, qui lui im-
posent ses ministres, qui discutent
sa liste civile et la lui mesurent !

Le privilége du cens est encore
plus choquant. Nos pères ont aboli
celui de la noblesse, qui reposait

4

sur une longue tradition de gloire
et d'honneur, entremêlée parfois
de défaillances ; est-ce pour y subs-
tituer, d'une façon même subrep-
tice, celui de la fortune ? Qui donc
acceptera, comme une vraie supériorité, celle de la richesse, qui dépend de tant de hasards et dont la
source n'est pas toujours pure ?

Nous reconnaissons volontiers la
supériorité de l'intelligence, parce
que nous en sommes juges nous-
mêmes, parce qu'elle se démontre
et ne s'impose pas. Nous savons,
d'ailleurs, que gouverner les hommes est une tâche difficile ; car gouverner, c'est transiger avec discer-
nement. Il faut donc qu'à la tâche
la plus difficile soit appelé le plus
capable ; mais confier cette respon.

sabilité au plus noble ou au plus riche, c'est de l'inconséquence.

Telle est la justification des réformateurs de 1848, qui proclamèrent, à la même heure, la République et le suffrage universel.

Il convient de placer ici la Constitution de 1848, qui a consacré à la fois l'établissement de la seconde République et du Suffrage universel, déjà institué par le gouvernement provisoire du 24 février :

RÉPUBLIQUE FRANÇAISE

(24 Février 1848)

Constitution du 4 novembre 1848

En présence de Dieu, et au nom du Peuple français, l'Assemblée nationale proclame :

I. La France s'est constituée en République. En adoptant cette forme définitive de gouvernement, elle s'est proposé pour but de marcher plus librement dans la voie du progrès et de la civilisation, d'assurer une répartition de plus en plus équitable des charges et des avantages de la société, d'*augmenter* l'aisance de chacun par la réduction graduée des dépenses publiques et des impôts, et de faire parvenir tous les citoyens, sans nouvelle commotion, par l'action successive et constante des institutions et des lois, à un degré toujours plus élevé de moralité, de lumières et de bien-être.

II. La République française est démocratique, une et indivisible.

III. Elle reconnaît des droits et des devoirs antérieurs et supérieurs aux lois positives.

IV. Elle a pour principes : la Liberté, l'Egalité et la Fraternité.

Elle a pour bases : la famille, le travail, la propriété, l'ordre public.

V. Elle respecte les nationalités étrangères, comme elle entend faire respecter la sienne; n'entreprend aucune guerre dans des vues de conquête, et n'emploie jamais ses forces contre la liberté d'aucun peuple.

VI. Des devoirs réciproques obligent les citoyens envers la République et la République envers les citoyens.

VII. Les citoyens doivent aimer la patrie, servir la République, la défendre au prix de leur vie, participer aux charges de l'Etat en proportion de leur fortune; ils doivent s'assurer, par le travail, des moyens d'existence, et, par la prévoyance, des ressources pour l'avenir; ils doivent concourir au bien-être commun en s'entr'aidant fraternellement les uns les autres, et à l'ordre général en observant les lois morales et les lois écrites qui régissent la société, la famille et l'individu.

VIII. La République doit protéger le citoyen dans sa personne, sa famille, sa religion, sa propriété, son travail, et mettre à la portée de chacun l'instruction indispensable à tous les hommes; elle doit, par une assistance fraternelle, assurer l'existence des citoyens nécessiteux, soit en leur procurant du travail dans les limites de ses ressources, soit en donnant, à défaut de la famille, des secours à ceux qui sont hors d'état de travailler.

En vue de l'accomplissement de tous ces devoirs, et pour la garantie de tous ces droits, l'Assemblée nationale, fidèle aux traditions des grandes assemblées qui ont inauguré la Révolution française, décrète ainsi qu'il suit la Constitution de la République.

CHAPITRE 1er.

De la Souveraineté.

ARTICLE PREMIER.

La souveraineté réside dans l'universalité des citoyens français.

Elle est inaliénable et imprescriptible.

Aucun individu, aucune fraction du peuple ne peut s'en attribuer l'exercice.

CHAPITRE II.

Droits des citoyens garantis par la Constitution.

ART. 2.

Nul ne pourra être arrêté ou détenu que suivant les prescriptions de la loi.

ART. 3.

La demeure de toute personne habitant le territoire français est inviolable; il

n'est pernis d'y pénétrer que selon les
formes et dans les cas prévus par la loi.

ART. 4.

Nul ne sera distrait de ses juges naturels; il ne pourra être créé de commissions
et de tribunaux extraordinaires à quelque
titre et sous quelque dénomination que
ce soit.

ART. 5.

La peine de mort est abolie en matière
politique.

ART. 6.

L'esclavage ne peut existter sur aucune
terre française.

ART. 7.

Chacun professe librement sa religion, et reçoit de l'État, pour l'exercice de son culte, une égale protection.

Les ministres soit des cultes actuellement reconnus par la loi, soit de ceux qui seraient reconnus à l'avenir, ont le droit de recevoir un traitement de l'État.

ART. 8.

Les citoyens ont le droit de s'associer, de s'assembler paisiblement et sans armes, de pétitionner, de manifester leurs pensées par la voie de la presse ou autrement.

L'exercice de ces droits n'a pour limites que les droits ou la liberté d'autrui, et la sécurité publique.

La presse ne peut, en aucun cas, être soumise à la censure.

Art. 9.

L'enseignement est libre. La liberté d'enseignement s'exerce selon les conditions de capacité et de moralité déterminées par les lois et sous la surveillance de l'État.

Cette surveillance s'étend à tous les établissements d'éducation et d'enseignement sans aucune exception.

Art. 10.

Tous les citoyens sont également admissibles à tous les emplois publics, sans autre motif de préférence que leur mérite. et suivant les conditions qui seront fixées par les lois.

Sont abolis à toujours tout titre nobiliaire, toute distinction de naissance, de classe ou de caste.

ART. 11.

Toutes les propriétés sont inviolables. Néanmoins l'État peut exiger le sacrifice d'une propriété pour cause d'utilité publique légalement constatée, et moyennant une juste et préalable indemnité.

ART. 12.

La confiscation des biens ne pourra jamais être rétablie.

ART. 13.

La Constitution garantit aux citoyens la liberté du travail et de l'industrie. La société favorise et encourage le développement du travail par l'enseignement primaire gratuit, l'éducation professionnelle, l'égalité de rapports entre le patron et l'ouvrier, les institutions de prévoyance et de crédit, les institutions agricoles, les associations volontaires, et l'établissement par l'État, les départements et les communes, de travaux publics propres à employer les bras inoccupés ; elle fournit l'assistance aux enfants abandonnés, aux infirmes et aux vieillards sans ressources, et que leurs familles ne peuvent secourir.

ART. 14.

La Dette publique est garantie.

Toute espèce d'engagement pris par l'État avec ses créanciers est inviolable.

ART. 15.

Tout impôt est établi pour l'utilité commune.

Chacun y contribue en proportion de ses facultés et de sa fortune.

ART. 16.

Aucun impôt ne peut être établi et perçu qu'en vertu de la loi.

ART. 17.

L'impôt direct n'est consenti que pour un an.

Les impositions indirectes peuvent être consenties pour plusieurs années.

CHAPITRE III.

Des Pouvoirs publics.

ART. 18.

Tous les pouvoirs publics, quels qu'ils soient, émanent du peuple.

Ils ne peuvent être délégués héréditairement.

ART. 19.

La séparation des pouvoirs est la première condition d'un gouvernement libre.

CHAPITRE IV.

Du Pouvoir législatif.

ART. 20.

Le peuple français délègue le pouvoir législatif à une assemblée unique.

ART. 21.

Le nombre total des représentants du peuple sera de sept cent cinquante, y compris les représentants de l'Algérie et des colonies françaises.

ART. 22.

Ce nombre s'élèvera à neuf cents pour les Assemblées qui seront appelées à réviser la constitution.

ART. 23.

L'élection a pour base la population.

ART. 24.

Le suffrage est direct et universel. Le scrutin est secret.

ART. 25.

Sont électeurs, *sans condition de cens,*

tous les Français âgés de vingt et un ans et jouissant de leurs droits civils et politiques.

ART. 26.

Sont éligibles, sans condition de domicile, tous *électeurs* âgés de vingt-cinq ans.

ART. 27.

La loi électorale déterminera les causes qui peuvent priver un citoyen français du droit d'élire et d'être élu.

Elle désignera les citoyens qui, exerçant ou ayant exercé des fonctions dans un département ou un ressort territorial, ne pourront y être élus.

ART. 28.

Toute fonction rétribuée est incompatible avec le mandat de représentant du peuple.

Aucun membre de l'Assemblée nationale ne peut, pendant la durée de la législature, être nommé ou promu à des fonctions publiques salariées dont les titulaires sont choisis à volonté par le pouvoir exécutif.

Les exceptions aux dispositions des deux paragraphes précédents seront déterminées par la loi électorale organique.

ART. 29.

Les dispositions de l'article précédent ne sont pas applicables aux Assemblées élues pour la révision de la Constitution.

ART. 30.

L'élection des représentants se fera par département, et au scrutin de liste.

Les électeurs voteront au chef-lieu de canton. Néanmoins, en raison des circonstances locales, le canton pourra être divisé en plusieurs circonscriptions, dans la forme et aux conditions qui seront déterminées par la loi électorale.

ART. 31.

L'Assemblée nationale est élue pour trois ans, et se renouvelle intégralement.

Quarante-cinq jours au plus tard avant la fin de la législature, une loi détermine l'époque des nouvelles élections.

Si aucune loi n'est intervenue dans le délai fixé par le paragraphe précédent, les électeurs se réunissent de plein droit le trentième jour qui précède la fin de la législature.

La nouvelle Assemblée est convoquée de plein droit pour le lendemain du jour où finit le mandat de l'Assemblée précédente.

ART. 32.

Elle est permanente.

Néanmoins elle peut s'ajourner à un terme qu'elle fixe.

Pendant la durée de la prorogation, une commission composée des membres du bureau et de vingt-cinq représentants nommés par l'Assemblée au scrutin secret et à la majorité absolue, a le droit de la convoquer en cas d'urgence.

Le président de la République a aussi le droit de convoquer l'Assemblée.

L'Assemblée nationale détermine le lieu de ses séances; elle fixe l'importance des forces militaires établies pour sa sûreté, et elle en dispose.

ART. 33.

Les représentants sont toujours rééligibles.

ART. 34.

Les membres de l'Assemblée nationale sont les représentants, non du département qui les nomme, mais de la France entière.

ART. 35.

Ils ne peuvent recevoir de mandat impératif.

ART. 36.

Les représentants du peuple sont inviolables.

Ils ne pourront être recherchés, ni accusés, ni jugés, en aucun temps, pour les opinions qu'ils auront émises dans le sein de l'Assemblée nationale.

ART. 37.

Ils ne peuvent être arrêtés en matière criminelle, sauf le cas de flagrant délit, ni poursuivis, qu'après que l'Assemblée a permis la poursuite.

En cas d'arrestation pour flagrant délit, il en sera immédiatement référé à l'Assemblée, qui autorisera ou refusera la continuation des poursuites.

Cette disposition s'applique au cas où un citoyen détenu est nommé représentant.

Art. 38

Chaque représentant du peuple reçoit une indemnité à laquelle il ne peut renoncer.

Art. 39.

Les séances de l'Assemblée sont publiques.

Néanmoins, l'Assemblée peut se former en comité secret, sur la demande du nombre de représentants fixé par le règlement.

Chaque représentant a le droit d'initiative parlementaire ; il l'exercera selon les formes déterminées par le règlement.

Art. 40.

La présence de la moitié plus un des membres de l'Assemblée est nécessaire pour la validité du vote des lois.

Art. 41.

Aucun projet de loi, sauf le cas d'urgence, ne sera voté définitivement qu'après trois délibérations, à des intervalles qui ne peuvent pas être moindres de cinq jours.

Art. 42.

Toute proposition ayant pour objet de déclarer l'urgence est précédée d'un exposé des motifs.

Si l'Assemblée est d'avis de donner suite à la proposition d'urgence, elle en ordonne le renvoi dans les bureaux, et fixe le moment *où le rapport sur l'urgence lui sera présenté.*

Sur ce rapport, si l'Assemblée reconnaît l'urgence, elle le déclare et fixe le moment de la discussion.

Si elle décide qu'il n'y a pas d'urgence, le projet suit le cours des propositions ordinaires.

CHAPITRE V.

Du Pouvoir exécutif.

ART. 43.

Le peuple français délègue le pouvoir exécutif à un citoyen qui reçoit le titre de président de la République.

ART. 44.

Le président doit être né Français, âgé de trente ans au moins, et n'avoir jamais perdu la qualité de Français.

ART. 45.

Le président de la République est élu pour quatre ans, et n'est rééligible qu'après un intervalle de quatre années.

Ne peuvent non plus être élus après lui, dans le même intervalle, ni le vice-président, ni aucun des parents ou alliés du président jusqu'au sixième degré inclusivement.

ART. 46.

L'élection a lieu de plein droit le deuxième dimanche du mois de mai.

Dans le cas où, par suite de décès, de démission ou de toute autre cause, le président serait élu à une autre époque, ses pouvoirs expireront le deuxième dimanche du mois de mai de la quatrième année qui suivra son élection.

Le président est nommé au scrutin secret et à la majorité absolue des votants, par le suffrage direct de tous les électeurs des départements français et de l'Algérie.

ART. 47.

Les procès-verbaux des opérations électorales sont transmis immédiatement à l'Assemblée nationale, qui statue sans délai sur la validité de l'élection, et proclame le président de la République.

Si aucun candidat n'a obtenu plus de la moitié des suffrages exprimés, ou au moins deux millions de voix, ou si les conditions exigées par l'art. 44 ne sont pas remplies, l'Assemblée nationale élit

le président de la République, à la majorité absolue et au scrutin secret, parmi
les cinq candidats éligibles qui ont obtenu
le plus de voix.

ART. 48.

Avant d'entrer en fonctions, le président de la République prête au sein de
l'Assemblée nationale le serment dont la
teneur suit :

« En présence de Dieu et devant le peu-
» ple français, représenté par l'Assemblée
» nationale, je jure de rester fidèle à la
» République démocratique, une et indi-
» visible, et de remplir tous les devoirs
» que m'impose la Constitution. »

ART. 49.

Il a le droit de faire présenter des projets de loi à l'Assemblée nationale par les
ministres.

Il surveille et assure l'exécution des lois.

ART. 50.

Il dispose de la force armée, sans pouvoir jamais la commander en personne.

ART. 51.

Il ne peut céder aucune portion du territoire ni dissoudre, ni proroger l'Assemblée nationale, ni suspendre, en aucune manière, l'empire de la Constitution et des lois.

ART. 52.

Il présente, chaque année, par un message à l'Assemblée nationale, l'exposé de l'état général des affaires de la République.

ART. 53.

Il négocie et ratifie les traités.

Aucun traité n'est définitif qu'après avoir été approuvé par l'Assemblée nationale.

ART. 54.

Il veille à la défense de l'Etat; mais il ne peut entreprendre aucune guerre sans le consentement de l'Assemblée nationale.

ART. 55.

Il a le droit de faire grâce; mais il ne peut exercer ce droit qu'après avoir pris l'avis du conseil d'Etat.

Les amnisties ne peuvent être accordées que par une loi.

Le président de la République, les ministres, ainsi que toutes autres personnes condamnées par la haute Cour de justice ne peuvent être graciés que par l'Assemblée nationale.

ART. 56.

Le président de la République promulgue les lois au nom du peuple français.

ART. 57.

Les lois d'urgence sont promulguées dans le délai de trois jours, et les autres lois dans le délai d'un mois, à partir du jour où elles auront été adoptées par l'Assemblée nationale.

ART. 58.

Dans le délai fixé pour la promulgation, le président de la République peut, par un message motivé, demander une nouvelle délibération.

L'Assemblée délibère ; sa résolution devient définitive ; elle est transmise au président de la République.

En ce cas, la promulgation a lieu dans le délai fixé pour les lois d'urgence.

ART. 59.

A défaut de promulgation par le président de la République dans les délais déterminés par les articles précédents, il y serait pourvu par le président de l'Assemblée nationale.

ART. 60.

Les envoyés et les ambassadeurs des puissances étrangères sont accrédités auprès du président de la République.

ART. 61.

Il préside aux solennités nationales.

ART. 62.

Il est logé aux frais de la République, et reçoit un traitement de six cent mille francs par an.

ART. 63.

Il réside au lieu où siége l'Assemblée

5

nationale, et ne peut sortir du territoire continental de la République sans y être autorisé par une loi.

ART. 64.

Le président de la République nomme et révoque les ministres.

Il nomme et révoque, en conseil des ministres, les agents diplomatiques, les commandants en chef des armées de terre et de mer, les préfets, le commandant supérieur des gardes nationales de la Seine, les gouverneurs de l'Algérie et des colonies, les procureurs généraux et autres fonctionnaires d'un ordre supérieur.

Il nomme et révoque, sur la proposition du ministre compétent, dans les conditions réglementaires déterminées par la loi, les agents secondaires du Gouvernement.

ART. 65.

Il a le droit de suspendre, pour un terme qui ne pourra excéder trois mois, les agents du pouvoir exécutif élus par les citoyens.

Il ne peut les révoquer que de l'avis du Conseil d'Etat.

La loi détermine les cas où les agents révoqués peuvent être déclarés inéligibles aux mêmes fonctions.

Cette déclaration d'inéligibilité ne pourra être prononcée que par un jugement.

ART. 66.

Le nombre des ministres et leurs attributions sont fixés par le pouvoir législatif.

ART. 67.

Les actes du président de la République autres que ceux par lesquels il nomme et révoque les ministres, n'ont d'effet que s'ils sont contre-signés par un ministre.

ART. 68.

Le président de la République, les ministres, les agents et dépositaires de l'autorité publique, sont responsables, chacun en ce qui le concerne, de tous les actes du Gouvernement et de l'administration.

Toute mesure par laquelle le président de la République dissout l'Assemblée nationale, la proroge ou met obstacle à l'exercice de son mandat, est un crime de haute trahison.

Par ce seul fait, le président est déchu de ses fonctions ; les citoyens sont tenus de lui refuser obéissance ; le pouvoir exécutif passe de plein droit à l'Assemblée nationale ; les juges de la haute Cour de justice se réunissent immédiatement, à peine de forfaiture ; ils convoquent les jurés dans le lieu qu'ils désignent pour procéder au jugement du président et de ses complices ; ils nomment eux-mêmes les magistrats chargés de remplir les fonctions du ministère public.

Une loi déterminera les autres cas de responsabilité, ainsi que les formes et les conditions de la poursuite.

ART. 69.

Les ministres ont entrée dans le sein de l'Assemblée nationale ; ils sont entendus toutes les fois qu'ils le demandent, et peuvent se faire assister par des commissaires nommés par un décret du président de la République.

ART. 70.

Il y a un vice-président de la République nommé par l'Assemblée nationale sur la présentation de trois candidats faite par le président, dans le mois qui suit son élection.

Le vice-président prête le même serment que le président.

Le vice-président ne pourra être choisi parmi les parents et alliés du président, jusqu'au sixième degré inclusivement.

En cas d'empêchement du président, le vice-président le remplace.

Si la présidence devient vacante par décès, démission du président, ou autrement, il est procédé dans le mois à l'élection d'un président,

CHAPITRE VI.

Du Conseil d'Etat.

Art. 71.

Il y aura un Conseil d'Etat, dont le vice-président de la République sera de droit président.

Art. 72.

Les membres de ce Conseil sont nommés pour six ans par l'Assemblée nationale ; ils sont renouvelés par moitié dans les deux premiers mois de chaque législature, au scrutin secret et à la majorité absolue.

Ils sont indéfiniment rééligibles.

ART. 73.

Ceux des membres du Conseil d'Etat qui auraient été pris dans le sein de l'Assemblée nationale, seront immédiatement remplacés comme représentants du peuple.

ART. 74.

Les membres du Conseil d'Etat ne peuvent être révoqués que par l'Assemblée, et sur la proposition du président de la République.

ART. 75.

Le Conseil d'Etat est consulté sur les projets de loi du Gouvernement, qui, d'après la loi, devront être soumis à son examen préalable, et sur les projets d'initiative parlementaire que l'Assemblée lui aura renvoyés.

Il prépare les règlements d'administration publique; il fait seul ceux de ces règlements à l'égard desquels l'Assemblée nationale lui a donné une délégation spéciale.

Il exerce à l'égard des administrations publiques tous les pouvoirs de contrôle et de surveillance qui lui sont déférés par la loi.

La loi réglera ses autres attributions.

CHAPITRE VII.

De l'Administration intérieure.

ART. 76.

La division du territoire en départements, arrondissements, cantons et communes, est maintenue. Les circonscriptions actuelles ne pourront être changées que par la loi.

ART. 77.

Il y a : 1° dans chaque département, une administration composée d'un préfet, d'un conseil général, d'un conseil de préfecture ;

2° Dans chaque arrondissement, un sous-préfet ;

3° Dans chaque canton, un conseil cantonal ; néanmoins, un seul conseil cantonal sera établi dans les villes divisées en plusieurs cantons ;

4° Dans chaque commune, une administration composée d'un maire, d'adjoints et d'un conseil municipal.

Art. 78.

Une loi déterminera la composition et les attributions des conseils généraux, des conseils cantonaux, des conseils municipaux, et le mode de nomination des maires et adjoints.

Art. 79.

Les conseils généraux et les conseils municipaux sont élus par le suffrage di-

rect de tous les citoyens domiciliés dans
le département ou dans la commune. Chaque canton élit un membre du conseil général.

Une loi spéciale réglera le mode d'élection dans le département de la Seine, dans
la ville de Paris et dans les villes de plus
de vingt mille âmes.

ART. 80.

Les conseils généraux, les conseils cantonaux et les conseils municipaux peuvent
être dissous par le président de la République, de l'avis du Conseil d'Etat. La loi
fixera le délai dans lequel il sera procédé
à la réélection.

CHAPITRE VIII.

Du Pouvoir judiciaire.

ART. 81.

La justice est rendue gratuitement au nom du Peuple français.

Les débats sont publics, à moins que la publicité ne soit dangereuse pour l'ordre ou les mœurs ; et, dans ce cas, le tribunal le déclare par un jugement.

ART. 82.

Le jury continuera d'être appliqué en matière criminelle.

ART. 83.

La connaissance de tous les délits politiques et de tous les délits commis par la voie de la presse appartient exclusivement au jury.

Les lois organiques détermineront la compétence en matière de délits d'injure et de diffamation contre les particuliers.

ART. 84.

Le jury statue seul sur les dommages-intérêts réclamés pour faits ou délits de presse.

ART. 85.

Les juges de paix et leurs suppléants, les juges de première instance et d'appel,

les membres de la Cour de cassation et de
la Cour des comptes, sont nommés par le
président de la République, d'après un
ordre de candidature ou d'après des conditions qui seront réglées par les lois organiques.

ART. 86.

Les magistrats du ministère public sont
nommés par le président de la République.

ART. 87.

Les juges de première instance et d'appel, les membres de la Cour de cassation
et de la Cour des comptes sont nommés
à vie.

Ils ne peuvent être révoqués ou suspen-
dus que par un jugement, ni mis à la re-
traite que pour les causes et dans les formes
déterminées par les lois.

ART. 88.

Les conseils de guerre et de révision des armées de terre et de mer, les tribunaux maritimes, les tribunaux de commerce, des prud'hommes et autres tribunaux spéciaux, conservent leur organisation et leurs attributions actuelles, jusqu'à ce qu'il y ait été dérogé par une loi.

ART. 89.

Les conflits d'attribution entre l'autorité administrative et l'autorité judiciaire seront réglés par un tribunal spécial de membres de la Cour de cassation et de conseillers d'Etat, désignés tous les trois ans en nombre égal par leurs corps respectifs.

Ce tribunal sera présidé par le ministre de la justice.

ART. 90.

Les recours pour incompétence et excès. de pouvoir contre les arrêts de la Cour des comptes seront portés devant la juridiction des conflits.

ART. 91.

Une haute Cour de justice juge sans appel ni recours en cassation les accusations portées par l'Assemblée nationale contre le président de la République ou les ministres.

Elle juge également toutes personnes prévenues de crimes, attentats ou complots contre la sûreté intérieure ou extérieure de l'Etat, que l'Assemblée nationale aura renvoyées devant elle.

Sauf le cas prévu par l'art. 68, elle ne peut être saisie qu'en vertu d'un décret

de l'Assemblée nationale, qui désigne la
ville où la Cour tiendra ses séances.

ART. 92,

La haute Cour est composée de cinq
juges et de trente-six jurés.

Chaque année, dans les quinze premiers
jours du mois de novembre, la Cour de
cassation nomme parmi ses membres, au
scrutin secret et à la majorité absolue, les
juges de la haute Cour, au nombre de cinq
et deux suppléants. Les cinq juges ap-
pelés à siéger feront choix de leur président.

Les magistrats remplissant les fonctions
du ministère public sont désignés par le
président de la République, et, en cas
d'accusation du président ou des ministres,
par l'Assemblée nationale.

Les jurés, au nombre de trente-six et
quatre jurés suppléants, sont pris parmi

les membres des conseils généraux des départements.

Les représentants du peuple n'en peuvent faire partie.

ART. 93.

Lorsqu'un décret de l'Assemblée nationale a ordonné la formation de la haute Cour de justice, et dans le cas prévu par l'art. 68, sur la réquisition du président on de l'un des juges, le président de la Cour d'appel, et, à défaut de Cour d'appel, le président du tribunal de première instance du chef-lieu judiciaire du département tire au sort, en audience publique, le nom d'un membre du conseil général.

ART. 94.

Au jour indiqué pour le jugement, s'il y a moins de soixante jurés présents, ce

nombre sera complété par des jurés sup-
plémentaires tirés au sort par le président de la haute Cour, parmi les membres
du conseil général du département où
siégera la Cour.

ART. 95.

Les jurés qui n'auront pas produit d'ex-
cuse valable seront condamnés à une
amende de mille à dix mille francs, et à
la privation des droits politiques pendant
cinq ans au plus.

ART. 96.

L'accusé et le ministère public exercent
le droit de récusation comme en matière
ordinaire.

ART. 97.

La déclaration du jury, portant que l'ac-

cusé est coupable, ne peut être rendue
qu'à la majorité des deux tiers des voix.

ART. 98.

Dans tous les cas de responsabilité des
ministres, l'Assemblée nationale peut,
selon les circonstances, renvoyer le ministre inculpé, soit devant la haute Cour de
justice, soit devant les tribunaux ordinaires, pour les réparations civiles.

ART. 99.

L'Assemblée nationale et le président de
la République peuvent, dans tous les cas,
déférer l'examen des actes de tout fonctionnaire, autre que le président de la
République, au Conseil d'Etat, dont le
rapport est rendu public.

ART. 100.

Le président de la République n'est justiciable que de la haute Cour de justice ; il ne peut, à l'exception du cas prévu par l'art. 68, être poursuivi que sur l'accusation portée par l'Assemblée nationale et pour crimes et délits qui seront déterminés par la loi.

CHAPITRE IX.

De la Force publique.

ART. 101.

La force publique est instituée pour défendre l'Etat contre les ennemis du dehors, et pour assurer au dedans le maintien de l'ordre et l'exécution des lois.

Elle se compose de la garde nationale et de l'armée de terre et de mer.

ART. 102.

Tout Français, sauf les exceptions fixées par la loi, doit le service militaire et celui de la garde nationale.

La faculté pour chaque citoyen de se libérer du service militaire personnel sera réglée par la loi du recrutement.

ART. 103.

L'organisation de la garde nationale et la constitution de l'armée seront réglées par la loi.

ART. 104.

La force publique est essentiellement obéissante.

Nul corps armé ne peut délibérer.

ART. 105.

La force publique employée pour maintenir l'ordre à l'intérieur, n'agit que sur la réquisition des autorités constituées suivant les règles déterminées par le pouvoir législatif.

ART. 106.

Une loi déterminera les cas dans lesquels l'état de siége pourra être déclaré, et réglera les formes et les effets de cette mesure.

ART. 107.

Aucune troupe étrangère ne peut être introduite sur le territoire français sans le consentement préalable de l'Assemblée nationale.

CHAPITRE X.

Dispositions particulieres.

ART. 108.

La Légion d'honneur est maintenue, ses statuts seront révisés et mis en harmonie avec la Constitution.

ART. 109.

Le territoire de l'Algérie et des colonies est déclaré territoire français, et sera régi par des lois particulières, jusqu'à ce qu'une loi spéciale les place sous le régime de la présente Constitution.

ART. 110.

L'Assemblée nationale confie le dépôt de la présente Constitution et des droits qu'elle consacre à la garde et au patriotisme de tous les Français.

CHAPITRE XI.

De la Révision de la Constitution.

ART. 111.

Lorsque, dans la dernière année d'une législature, l'Assemblée nationale aura émis le vœu que la Constitution soit modifiée en tout ou en partie, il sera procédé à cette révision de la manière suivante :

Le vœu exprimé par l'Assemblée ne sera converti en résolution définitive qu'après trois délibérations successives, prises chacune à un mois d'intervalle et aux trois quarts des suffrages exprimés.

Le nombre des votants devra être de cinq cents au moins.

L'Assemblée de révision ne sera nommée que pour trois mois.

Elle ne devra s'occuper que de la révision pour laquelle elle aura été convoquée.

Néanmoins, elle pourra, en cas d'urgence, pourvoir aux nécessités législatives.

CHAPITRE XII.

Dispositions transitoires.

ART. 112.

Les dispositions des codes, lois et règlements existants, qui ne sont pas contraires à la présente Constitution, restent en vigueur jusqu'à ce qu'il y soit légalement dérogé.

ART. 113.

Toutes les autorités constituées par les lois actuelles demeurent en exercice jusqu'à la promulgation des lois organiques qui les concernent.

ART. 114.

La loi d'organisation judiciaire déterminera le mode spécial de nomination
pour la première composition des nou-
veaux tribunaux.

ART. 115.

Après le vote de la Constitution, il sera
procédé, par l'Assemblée nationale constituante, à la rédaction des lois organiques,
dont l'énumération sera déterminée par
une loi spéciale.

ART. 116.

Il sera procédé à la première élection
du président de la République conformé-

ment à la loi spéciale rendue par l'Assemblée nationale, le 28 octobre 1848.

Délibéré, en séance publique, à Paris, le 4 novembre 1848.

CHAPITRE IV

Le suffrage universel et la République.

§ Ier

Le suffrage universel, après deux années d'application, fut bientôt mutilé par la loi impolitique du 31 mai 1850. Le second empire en est issu. C'est l'histoire d'hier...

Le droit suprême reparut dans son intégrité. Qu'a-t-il été sous le second empire? Comment a-t-il fonctionné pour les divers plébiscites et dans les scrutins périodiques pour les corps électifs de tous

les degrés ? A-t-il été dirigé ? A-t-il
été libre ?

A de telles questions, chacun peut
répondre suivant ses souvenirs,
suivant ses impressions.

Tout gouvernement est jugé par
sa fin, qui est inséparable de ses
actes. Aucun n'échappe au verdict
rigoureux de l'histoire.

Pour les contemporains, l'intérêt
supérieur de la patrie doit dominer
immédiatement, exclusivement, les
consciences, en même temps que
les esprits sont frappés et éclairés
par une chute foudroyante.

Nous ne jugerons pas les gouvernements déchus en 1830, en 1848,
en 1870. Les anathèmes et les indi-
gnations posthumes relèvent de

l'histoire ou d'une polémique aux vives allures. Mais se respecter assez soi-même pour résister au facile et vulgaire penchant à des critiques acerbes, fussent-elles justifiées, c'est sans doute faire preuve d'une sérénité d'âme et d'une dignité de caractère qui peuvent être modestement ambitionnées. N'est-ce pas, au surplus, le moyen le plus honnête et le plus sage d'exprimer avec franchise et sans réticence la doctrine qu'on professe consciencieusement, et de l'affirmer, sinon avec autorité, du moins avec sincérité? Bannissons donc toute acrimonie envers les opinions d'autrui.

Qu'il suffise de dire, pour l'enchaînement de nos pensées, que la

France a chèrement expié l'abolition de la constitution républicaine
de 1848. La nécessité impérieuse
d'un relèvement moral s'impose actuellement à la nation, que la logique conduit à revenir franchement
à la République.

La funeste théorie des hommes
providentiels (1), glorifiée par le

---

(1) L'extrait suivant d'un article publié par
M. Alfred Fouillée, dans la *Revue des Deux
Mondes* du 1er juin 1874, et intitulé : L'IDÉE
MODERNE DU DROIT, justifle la citation de
l'opinion prêtée à Hégel et à Macaulay.

« La supériorité des grands hommes, dit
M. Fouillée, n'est probablement elle-même
qu'une volonté plus libre et une raison
plus clairvoyante. Ni aussi haut, ni aussi
bas que le croit l'école de Hégel, ils ne
sont ni les maîtres de l'humanité, ni les
esclaves de la fatalité. Ils sont libres par-

philosophe Hégel et, à quelque degré, par l'historien Macaulay, mais
justement réfutée, comme fatalisme
historique, par l'économiste Stuart
Mill et par d'autres grands esprits,
ne doit plus être expérimentée. Le .

---

mi des hommes libres. Ils ne se bornent
pas à résumer l'âge qui s'en va, mais ils
anticipent l'âge qui doit venir. Le génie
n'est pas seulement le reflet de ce qui est
patience, mais divination de ce qui doit
être initiative.

«|La théorie de Hégel et de Bauer rappelle
celle de lord Macaulay; selon l'historien
anglais, les génies seraient simplement
des hommes qui se tiennent sur des lieux
plus élevés et qui, de là, reçoivent les
rayons du soleil un peu plus tôt que le
reste de la race humaine.

« Le soleil illumine les collines, dit
» lord Macaulay, quand il est encore au-
» dessous de l'horizon, et les hauts esprits

succès ne saurait être une justification morale pour la violation de la
légalité, quels que soient le temps,
le lieu et la forme de cette violation,
qui aboutit inévitablement au pouvoir personnel; or, un pouvoir per-

-----

» sont éclairés par la vérité un peu avant
» qu'elle ne rayonne sur la multitude : telle
» est la mesure de leur supériorité. Ils
» sont les premiers à saisir et à refléter
» une lumière qui, sans leur secours, n'en
» deviendrait pas moins visible à ceux qui
» sont placés bien au-dessous d'eux. »

» La vérité, répond Stuart Mill, parti-
» san du fatalisme historique, ne s'élève
» pas comme le soleil, par son mouvement
» propre et sans effort humain, et il ne
» suffit pas de l'attendre pour l'aperce-
» voir. Les hommes éminents ne se con-
» tentent point de voir briller la lumière
» au sommet de la colline, ils montent sur
» ce sommet et appellent le jour, et si

sonnel, avec une décoration quelconque, civile ou militaire, ne peut être qu'un expédient, mais jamais un établissement respectable. Il n'est, il ne sera toujours, qu'une dictature plus ou moins tempérée ;

» personne n'était monté jusque-là, la lu-
» mière, dans bien des cas, aurait pu ne
» jamais luire sur la plaine. »

Précédemment, l'auteur de l'article publié dans la *Revue des Deux Mondes* avait dit : « Le fatalisme historique, qui commence par glorifier les grands hommes, finit par les réduire à un rôle misérable. On les appelle, d'abord, des hommes nécessaires, puis on découvre qu'ils sont des hommes superflus. Bauer prétend que « si un Charlemagne et un Grégoire VII
» n'eussent pas existé, d'autres eussent
» pris leur place, et, sous d'autres noms,
» par d'autres voies, accompli finalement
» la même œuvre. » Parce que ce qui est rationnel finit toujours par devenir réel.

et toutes les dictatures, si mitigées
qu'elles veuillent être, présentent
des traits communs que l'histoire a
enregistrés et qui peuvent se résumer dans la confiscation de la puissance souveraine et des libertés publiques. Les nations qui laissent
aller ainsi leurs droits à la dérive,
en les abandonnant à un homme,
c'est-à-dire à la garde du hasard,
sont vouées à une sujétion, à un
abaissement des caractères, qui
mènent infailliblement à la déca-

Hégel, revenu dans sa *Philosophie du
droit*, à la tradition de Fichte, de Kant et
de la Révolution française, enseigne que
» l'histoire universelle est l'histoire de la
» liberté », c'est-à-dire « le récit des vi-
» cissitudes à travers lesquelles l'esprit
» acquiert la conscience de la liberté, qui
» est son essence. »

dence. L'intérêt s'accorde donc avec la dignité pour nous commander d'affirmer virilement, en toute occasion solennelle, notre liberté avec toutes ses prérogatives, qui ne peuvent puiser une bonne garantie que dans des institutions bien coordonnées (1).

---

(1) Les vers suivants de M. Victor de Laprade, tirés de sa tragédie d'*Harmodius*, trouvent ici une application opportune :

Mais nous, Grecs, nous surtout, peuples athéniens,
Nous sommes tous des rois, étant tous citoyens.
Notre État n'admet pas de chef héréditaire ;
Chacun possède en paix sa famille et sa terre ;
On n'offre à nul mortel des tributs odieux ;
La loi seule commande, et les dieux seuls sont dieux.
Aussi lors qu'un pouvoir, fût-il celui d'un sage,
N'est pas issu des lois et du libre suffrage,
Qu'il est né de la force et veut être éternel,
Et qu'un homme y prétend comme au champ paternel,
L'ambitieux qui tient cette place usurpée,
Sous un rusé manteau cachât-il son épée,
Nous le nommons tyran, ce nom est un arrêt,
La sainte Némésis trouve un glaive tout prêt.

§ II

La République, ressuscitée avec l'assentiment général, a soutenu, pour l'honneur national, une lutte désespérée. Puis, après de douloureux sacrifices, dont elle n'est pas responsable, et à l'ombre de son drapeau en deuil, a été accomplie l'œuvre difficile de la libération du territoire qui honorera à jamais un grand citoyen. Ces temps d'humiliations et d'épreuves n'ont pas besoin d'être rappelés; le cœur de tout vrai patriote en saigne encore...

La République se trouve aujourd'hui en présence de ses adversai-

res, sans autres alliés que le droit
et que la voix souveraine du suffrage
universel.

Nous savons où nous conduiraient
les anciens partis...

La République est notre seul port
de salut : elle a pour principal mo-
teur la force des choses, puissance
irrésistible de la logique, de la vérité, de l'opportunité; elle est l'expression libre, rationnelle, irréfuta-
ble, de la souveraineté et de la volonté de la nation; fondée et organisée par le suffrage universel
comme gouvernement du pays par
lui-même, elle n'affectera pas d'esprit d'exclusion et elle aura le sceau
de la dignité et de la liberté. Notre
immortelle Révolution de 1789 aura

enfin trouvé sa formule de progrès, d'ordre et de paix publique.

Nous sommes encore dans la période de lutte, entre l'avenir qui se lève (1) et le passé qui ne veut pas

---

(1) Lamartine a dit excellemment à un de ses amis, candidat à la députation, dans une lettre datée de Saint-Point, 10 octobre 1836, et tirée du 5ᵉ volume de sa correspondance :

« L'avenir n'est d'aucun parti que du sien. Les hommes qui surgiront un à un des élections présentes ou futures, tout en honorant les vieux drapeaux qui ont servi de signe à nos grandes luttes d'un demi-siècle, ne se rangeront pas sous ces lambeaux usés par les combats et par le temps ; ils en auront un à eux sous lequel ils marcheront à des développements sociaux dont la longue révolution des choses et des idées n'a fait que déblayer la route. La liberté est conquise, elle est assurée, elle est inviolable, quels que soient le

mourir. Mais, chaque jour, la
République étend ses conquêtes
morales et prépare son avénement
définitif.

Les préventions fausses tendent
à s'effacer. La bourgeoisie se rallie
à la forme républicaine, C'est un
grand fait qui frappe les esprits ré-

---

nom et la forme du pouvoir; mais la liberté n'est pas un but, c'est un moyen.

« Le but, c'est la restauration de la dignité et de la moralité humaines dans
toutes les classes dont la société se compose; c'est la raison, la justice et la cha-
rité appliquées progressivement dans
toutes les institutions politiques et civiles,
jusqu'à ce que la société politique, qui n'a
été trop souvent que l'expression de la
tyrannie du fort sur le faible, devienne
l'expression de la pensée divine qui n'est
que justice, égalité et providence.

« C'est vous dire assez que la loi, seule

fléchis. Ceux, en effet, que leurs lumières, leur intelligence et leur
patriotisme désignent au suffrage
universel pour guider prudemment
la République vers ses destinées
nouvelles, viennent, un à un, se
ranger sous son drapeau tutélaire.
L'adhésion de l'élément conserva-
teur à la République est, en définitive, un acte de ferme, de haute raison, la conséquence de l'étude, de

---

arme de la société nouvelle, doit appar-
tenir à tous et non à quelques-uns ; c'est
vous dire assez que cette société ne doit
constituer aucune aristocratie de droit, à
quelque degré que ce soit de la hiérarchie
politique, car ce serait inféoder à quelques-uns cette loi qui est la propriété de
tous. »

Quel langage prophétique, à quarante
ans de date !

l'examen impartial des nécessités contemporaines.

Naguère encore, les défenseurs les plus autorisés de la République étaient les vétérans des anciennes luttes, les organes éloquents du droit populaire, les tribuns de la liberté et de l'égalité. Tous les combattants de la première heure sont à leur poste; mais ils partagent la tâche avec les aînés de la vie sociale, avec des hommes appartenant aux classes dites dirigeantes, avec les représentants de la grande industrie, du haut commerce, de la propriété territoriale. Leur programme est le même, et leurs votes se confondent.

Ce concours montre que la condition essentielle d'un établissement républicain est de rassurer les in-

térêts, Un tel régime doit avoir
pour objectif et pour effet, plus
qu'aucun autre, de supprimer les
causes de conflits et d'écarter les
intrigues des partis par la concilia-
tion, l'apaisement de toutes les questions morales, religieuses, écono-
miques et politiques; c'est ainsi
qu'il s'acclimatera successivement
et complétement dans les mœurs de
la nation.

Qui oserait dire encore que la
République, alors qu'elle s'accré-
dite dans le pays et s'y incorpore
aussi manifestement, est le désor-
dre, la licence, l'oubli et le mépris
des lois?

§ III

Depuis longtemps, les ouvriers des villes sont convertis aux idées républicaines. Ils ont été les combattants d'avant-garde; ils ont résisté, en général, aux vaines promesses et au mirage trompeur des utopies aventureuses; en majorité immense, ils ont réprouvé les excès et témoigné de leur respect pour l'ordre établi, même en opposition à des perspectives qui n'ont souvent qu'une apparence de vérité et de justice. La République les considère comme siens à jamais; elle ne leur promet ni brusques réformes, ni changements soudains et irréfléchis dans la constitution sociale (1).

---

(1) Les théoriciens exclusifs, qui croient

Rien, sous ce rapport, ne peut
être sérieusement entrepris que par
la liberté, par le respect absolu du
droit, par la puissance du sentiment moral et de l'esprit de famille
et de sociabilité ; mais la République
s'engage à étudier les vœux et les
besoins, à favoriser les efforts paci-
fiques, qui doivent toujours être di-
rigés par le sentiment du devoir et
de la responsabilité humaine. Elle
ne faillira pas à sa noble mission.

---

avoir découvert la Vérité absolue, man-
quent le plus souvent de sens pratique.

La politique est, en réalité, une science,
non une science exacte comme la géomé-
trie, mais une science fondée sur l'expérience et sur l'observation.

L'Angleterre, alors qu'elle était en plei-
ne convulsion sociale et religieuse, en a
offert la démonstration péremptoire, no-

Enfin, la République est le gouvernement par excellence de ces millions de paysans, dont le labeur enrichit la France, et dont le front, courbé sous le joug des anciens régimes, ne s'est levé vers le ciel que depuis la glorieuse nuit du 4 août 1789.

Savaron, député de la Basse-Auvergne aux états-généraux de 1654, y dépeignait les paysans ré-

---

tamment par un acte d'un grand intérêt historique.

Qu'il soit permis de rappeler ici quelques lignes éloquentes de l'historien Macaulay sur ce sujet :

« Pour un juriste versé dans les théories
» de la législation, mais qui ne connaî-
» trait point à fond les dispositions des
» partis et des actes entre lesquels l'An-

duits, dans leur misère, à se nourrir de racines et d'herbes sauvages.
Le moraliste La Bruyère les repré-
sentait comme des animaux à face
humaine, brûlés par le soleil, arro-
sant de leurs sueurs un sol qu'ils
cultivaient pour leurs maîtres.

La tradition a transmis aux
paysans, qui n'oublient pas, leurs
griefs les plus saillants contre les
vestiges de la féodalité, devenus

» gleterre était divisée au temps de la ré-
» volution, l'*Acte de tolérance* ne serait
» qu'un chaos d'absurdités et de contradic-
» tions. Il ne supporte pas l'examen, si on
» le juge d'après des principes solides. Bien
» plus, il ne supporte pas l'examen, si on
» le juge d'après un principe quelconque.»

Macaulay, après avoir mis en lumière

pour eux une sinistre légende.

Jusqu'à la veille de 1789, la France n'a-t-elle pas compté de nombreux paysans, serfs de la glèbe et mortaillables, vendus avec la terre qu'ils fécondaient de leur travail, et privés du droit de laisser à leurs enfants le maigre pécule ou le chétif mobilier, péniblement acquis par une vie de souffrances ?

De ces hommes écrasés, oppri-

---

quelques-unes des dispositions contradictoires les plus considérables portées dans cet *Acte de tolérance* continue ainsi :

« Mais ces défauts paraîtront peut-être
» des mérites, si nous prenons garde aux
» passions et aux préjugés de ceux pour
» qui l'*Acte de tolérance* fut institué.
» Cette loi, remplie de contradictions que
» peut découvrir le premier écolier venu

més, réduits à un état de servitude,
la Révolution de 1789 et la République ont fait des propriétaires libres,
sans autre maître que la loi; des citoyens auxquels toute carrière est
ouverte et dont le vote est compté à
l'égal de celui des plus nobles et
des plus riches; ils ont pu faire
fructifier leur droit individuel par
un labeur assidu. Que demandent-
ils maintenant? Uniquement la garantie de ce droit individuel, qui est
complexe.

» en philosophie politique, fit ce que n'eût
» pu faire une loi composée par toute la
» science des plus grands maîtres en phi-
» losophie politique. Que les articles ré-
» sumés tout à l'heure soient gênants,
» puérils, incompatibles entre eux, in-
» compatibles avec la vraie théorie de la
» liberté religieuse, chacun doit le recon-

C'est la République qui leur garantira le mieux leurs droits de propriété, de suffrage et d'égalité devant la loi, parce qu'ils en seront les GARANTS EUX-MÊMES; ne sont-ce pas les paysans dont les votes forment la majorité, dont les voix sont l'expression même de la souveraineté nationale?

Fondée sur le vote réfléchi des paysans, guidée par l'esprit politique des hommes éclairés, stimulée par l'initiative des travailleurs des

---

» naître. Tout ce qu'on peut dire pour
» leur défense, c'est qu'ils ont ôté une
» grande masse de maux sans choquer une
» grande masse de préjugés; que d'un seul
» coup et pour toujours ils ont mis fin à
» une persécution qui s'était déchaînée
» pendant quatre générations, qui avait
» brisé un nombre infini de cœurs, qui

villes, la République, seul vrai gouvernement du pays par le pays, deviendra stable et sagement progressive, sans tous les écueils contre lesquels se sont brisés l'honneur et la fortune de la France.

» avait désolé un nombre infini de foyers,
» qui avait rempli les prisons d'hommes
» dont le monde n'était pas digne... Une
» telle défense paraîtra faible peut-être
» à des théoriciens étroits ; mais, proba-
» blement, les hommes d'Etat la jugeront
» complète. »

Cependant Macaulay, en suite d'une critique sur les législateurs en qui l'élément spéculatif domine sur l'élément pratique, déclare que « le parfait législa-
» teur est un exact intermédiaire entre
» l'homme de pure théorie qui ne voit
» rien que des principes généraux, et
» l'homme de pure pratique qui ne voit
» rien que des circonstances particuliè-
» res. »

Quels enseignements à méditer !

CHAPITRE V

Conclusion.

§ Ier

Suffrage universel et République sont donc indivisibles. L'un est la raison humaine se manifestant dans sa plénitude et dans sa liberté; l'autre en est l'application logique. Ils sont liés l'un à l'autre comme l'organisme est lié au corps qu'il anime et fait mouvoir.

Le spectacle de l'Europe ne nous

présente guère que des peuples attardés sous le joug du despotisme ou en travail de République.

Le despotisme oriental fleurit en Turquie; et, en Russie, le despotisme est tempéré par les mœurs. Qui voudrait vivre dans ces deux pays?

L'Autriche essaie la monarchie constitutionnelle, non encore acclimatée dans le chaos des peuples réunis sous le sceptre des Habsbourg.

L'Allemagne rétrograde de ses monarchies tempérées au régime du sabre, et c'est son premier châtiment.

En Angleterre, on voit l'aristocratie maintenir une sorte de République soumise à des présidents héréditaires, avec les alternatives de qualités et de défauts que comporte la nature humaine.

L'Espagne se débat, au milieu des guerres civiles, entre la monarchie et la République, et l'Italie marche à la République par la monarchie parlementaire, étayée sur le suffrage restreint.

Enfin, dans les Etats de second ordre, Belgique, Hollande, Grèce, Suède, Danemark, Portugal, que voyons-nous, sinon des Républiques présidées par un fonctionnaire qui porte le titre de roi, et qui n'est qu'un rouage, presque superflu, dans la constitution?

Comparez à ces fictions la Suisse républicaine et la grande Républi-

que des Etats-Unis! Où sont la véritable prospérité, le progrès, l'é-
nergie bien équilibrée?

§ II

Il est temps de revenir à notre
point de départ.

On nous accuse de manquer de
respect en France; cependant nous
respectons la religion; mais ses
ministres ne sont-ils pas enclins à
sortir du domaine spirituel? La
masse de la nation n'est-elle pas
ébranlée, parfois, avec regret, dans
ce respect qu'il dépend beaucoup

de leur sagesse de rendre incontesté?

Nous respectons la justice; mais, sous les gouvernements antérieurs, son sanctuaire n'a-t-il pas été quelquefois envahi par la politique?

Nous respectons la loi civile; mais la République peut, avec une plus parfaite équité que toute autre forme gouvernementale, assurer ce respect, fondé sur l'égalité vraie de tous les citoyens devant la loi.

Il faut aussi que nous apprenions, gouvernants et gouvernés, à respecter la loi politique, en faisant émerger son unité, obligatoire pour tous, de l'arsenal des lois incohérentes provenant de régimes contradictoires. La République nous enseignera ce respect suprême qui sera sa force, sa virtualité, sa raison d'être ; mais il ne suffit pas de la proclamer pour faire cesser la lassitude de l'équivoque, ruineuse pour le pays, qui veut de la sécurité et de la confiance ; il faut la défendre dans son principe, sans persécution, mais avec fermeté, l'affirmer énergiquement, l'organiser dans ses applications, la sanctionner par l'effort individuel, par le développement des vertus du vrai républicain, plus Athénien sans doute, de nos jours, que Spartiate, sous l'influence d'une sociabilité progressive. Il faut, en un mot, faire de la République le pouvoir le plus réparateur, le plus solide, le plus fort, pour qu'il ait l'autorité de l'estime générale.

L'homme éclairé refuse ses respects au souverain temporel qui se prétend le délégué de Dieu, et plus encore à celui qui ne relève que de la force ; il méprise les systèmes bâtards, où le privilége de la naissance et de la fortune essaie de se concilier avec l'égalité, base de la souveraineté nationale ; il ne saurait respecter ni des compromis décevants, qui aboutissent toujours à la révolution, ni des usurpations violentes ou déguisées, qui engendrent la haine et provoquent les mauvaises passions.

Mais quand la nation aura parlé, dans des élections générales, — seul mode sérieux et vrai de l'appel au peuple, — par la voix libre et toute-puissante du suffrage universel,

CETTE LOI DES LOIS ; — mais quand la raison humaine, choisissant intelligemment des mandataires loyaux, se sera ainsi manifestée avec sincérité dans sa plus haute et plus légitime expression, qui donc, alors que tous les droits et tous les intérêts seront libéralement sauvegardés, qui donc lui refuserait obéissance et respect ?

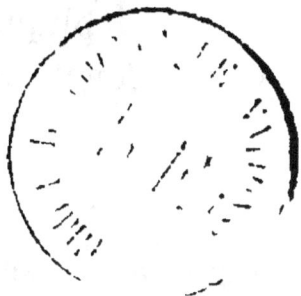

TABLE DES MATIÈRES

FIN DE LA TABLE

Paris   Imp. Dumesson et Cⁱᵉ, rue Coquerott, 5.

BIBLIOTHÈQUE DÉMOCRATIQUE

www.ingramcontent.com/pod-product-compliance
Lightning Source LLC
Chambersburg PA
CBHW072230270326
41930CB00010B/2062